JN090604

罗 斯

黑龙江省

● 哈尔滨

内蒙古自治区

● 长春

吉林省

● 沈阳

辽宁省

呼和浩特
●

万里の長城

★ 北京市

河北省 天津市 □ 大连

● 渤海

太原 石家庄
● ●

山西省 ● 济南 □ 青岛

山东省

□ 洛阳 ● 郑州 江苏省 黄 海

河南省 安徽省

湖北省 ● 合肥 苏州
□

● 南京 上海市

● 武汉 ● 杭州

浙江省

东 海

长沙 ● 南昌 浙江省

湖南省 江西省

福建省 ● 福州

○ 台北

□ 厦门

区 广东省 台 湾

● 广州 深圳

□ 香港 （特别行政区）

澳门 （特别行政区）
マカオ

海口

朝鲜

韩国

东京 ★

★	首都
●	省都
□	有名都市
⊓⊔	万里の長城

《新版》できる・つたわる
コミュニケーション中国語

岩井伸子　胡興智　著

白水社

装丁・アイコンデザイン　山本 州・吉澤 衣代（raregraph）
イラスト　淺山 友貴

はじめに

　このテキストは中国語を初めて学ぶ方が、週1コマで、1課ずつ学習できるよう工夫して作りました。初心者が無理なく学習を進められるよう実用的な会話を中心に取り上げ、視覚的に覚えやすいようイラストも多用しています。

　本書の構成は次の通りです。

発音：　くり返し練習することで定着するようになっています。また、あわせて簡単なあいさつや数字なども取り上げました。

本編：　1コマの授業で1課分を終えることを想定し、各課をコンパクトにまとめました。各課の構成は以下の通りです。

　　✱ 目標 ✱　　各課のはじめに具体的な達成目標を設定しました。

　　☺ 会話 ☺　　課文は3往復程度の会話とし、覚えやすいよう短い文でまとめました。日本人学生の立花さんと阿部さんを中心に、場面に応じた表現を扱っています。

　　★ 文法のポイント　文の構造をわかりやすく説明し、使いやすい例文を挙げました。

　　練習A　　書く練習に重点を置き、文型の定着を目指します。

　　練習B　　聞きとりを中心に構成し、実際のコミュニケーションに要求される、聞く力と話す力を効果的に高めることができるよう工夫しました。

　　試試看!　　その課で習った会話の内容を思い出すためのヒントを提示し、それぞれの役割を考えながら、自然に話す訓練をすることができます。

復習：　テキスト全体を4部に分け、前半は4課ごと、後半は5課ごとに復習ページを設けました。

　　課文　　それまでに習った文型をすべて含んだ文章になっており、効率よく、確実に文型を確認し、定着させることができます。

　　練習　　作文と聞きとりの両方向から練習できるよう工夫しました。授業の進度や定着度などの状況から、いろいろなアプローチができるはずです。
　　　　　　最後の 試試看! では、中国語の文のしくみが理解できているかを確認することができます。

　《新版》では、該当箇所の音声をすぐに聞けるよう、本文中にQRコードを配しました。また、各課の新出単語をまとめた別冊単語帳、発音解説に役立つ動画をご用意しましたので、ぜひ授業や自主学習にお役立てください。

　このテキストを通じて、学習者の皆さんが学ぶ楽しさを味わいながら「できる・つたわる中国語」を身につけることができれば幸いです。

　2022年10月

　　　　　　　　　　　　　　　　　　　　　　　　　　　　　　　　　著　者

目 次

発 音

1 単母音

動画はこちら

♪002

▶01

| a o e i u ü er |
| (yi) (wu) (yu) |

※ 前に子音がつかないときは ( ) 内のつづりになる。

a　口を大きく開けて「ア」

o　唇を丸くして「オ」

e　ニコッと笑った口で「オ」

i　口を左右に強く引いて「イ」

u　唇を突き出して丸くして「ウ」

ü　唇を小さくすぼめて「イ」

er　e を発音したあと、舌先を上に立てる

♪003

練習1　1) a — o — a — o　　　　2) o — e — o — e

3) a — e — a — e　　　　4) i — u — i — u

5) i — ü — i — ü　　　　6) u — ü — u — ü

2 声調

♪004

| 第1声 | 第2声 | 第3声 | 第4声 |

▶02

ā　　　　á　　　　ǎ　　　　à

♪005

練習2　発音を聞いて声調記号をつけましょう。

( )　　　　( )　　　　( )　　　　( )

1) a （啊）　　2) o （哦）　　3) e （俄）　　4) yi （一）

( )　　　　( )　　　　( )

5) wu （五）　　6) yu （鱼）　　7) er （儿）

▶ i の上に声調記号をつけるときは yī, yí, yǐ, yì となる。

▶ wu, yu に声調記号をつける場合は u の上、er の場合は e の上につける。

③ 二重母音

▶03

♪006

ai	ei	ao	ou	
ia	ie	ua	uo	üe
(ya)	(ye)	(wa)	(wo)	(yue)

※ 前に子音がつかないときは（　）内のつづりになる。

♪007

練習3　発音を聞いて声調記号をつけましょう。

1)　ai（愛）　　2)　ya（牙）　　3)　wo（我）　　4)　yue（月）

5)　wa（蛙）　　6)　ye（叶）　　7)　ou（欧）　　8)　ao（澳）

► aがあれば、声調記号はaの上につける。
► aがなければ、声調記号はoかeの上につける。

④ 三重母音

▶04

♪008

iao	iou	uai	uei
(yao)	(you)	(wai)	(wei)

※ 前に子音がつかないときは（　）内のつづりになる。

♪009

練習4　発音を聞いて声調記号をつけましょう。

1)　yao（要）　　2)　you（有）　　3)　wai（歪）　　4)　wei（喂）

5 子音

♪010

	無気音	有気音		
唇音 しんおん	bo	po	mo	fo
舌尖音 ぜっせんおん	de	te	ne	le
舌根音 ぜっこんおん	ge	ke	he	
舌面音 ぜつめんおん	ji	qi	xi	
そり舌音 じたおん	zhi	chi	shi	ri
舌歯音 ぜっしおん	zi	ci	si	

▶05

表のように母音をつけて
練習しましょう。

無気音：息を抑えて発音する

有気音：力を入れずに息をパッと出して発音する

♪011

練習5　1) bà（爸）　　　2) pái（排）　　　3) měi（美）　　　4) fēi（飞）

5) duì（对）　　　6) tiāo（挑）　　　7) ná（拿）　　　8) lái（来）

9) gěi（给）　　　10) kǎ（卡）　　　11) hǎi（海）　　　12) liú（留）

▶ 子音 + iou → 子音 + iu　　例）l + iou → liu
▶ 子音 + uei → 子音 + ui　　例）d + uei → dui
▶ iu と ui の場合、声調記号は後ろの音につける。

♪012

練習6　1) jiāo（交）　　　2) qù（去）　　　3) xiě（写）　　　4) zhōu（粥）

5) chá（茶）　　　6) shū（书）　　　7) ròu（肉）　　　8) zuò（坐）

9) cài（菜）　　　10) suǒ（锁）

▶ j, q, x の後ろの ü は ¨ を取って ju, qu, xu となる。

6 鼻音

♪013

| an | en | in
(yin) | ian
(yan) | uan
(wan) | uen
(wen) | ün
(yun) | üan
(yuan) |
| ang | eng | ing
(ying) | iang
(yang) | uang
(wang) | ueng
(weng) | iong
(yong) | ong |

※ 前に子音がつかないときは（ ）内のつづりになる。

練習7
1) bān（班）　　2) chén（沉）　　3) xīn（新）　　4) xián（咸）

5) ruǎn（软）　　6) kùn（困）　　7) jūn（军）　　8) quàn（劝）

9) bāng（帮）　　10) téng（疼）　　11) qīng（轻）　　12) xiǎng（想）

13) huáng（黄）　　14) wēng（翁）　　15) qióng（穷）　　16) hóng（红）

♪014

▶ 子音 + uen → 子音 + un　　例）k + uen → kun

練習8　ここまでの復習に、2音節の発音を練習しましょう。

♪015

1) kāfēi
（咖啡）　　2) gōngyuán
（公园）　　3) jīchǎng
（机场）　　4) yīnyuè
（音乐）

5) xióngmāo
（熊猫）　　6) yóujú
（邮局）　　7) yóuyǒng
（游泳）　　8) xuéxiào
（学校）

9) lǎoshī
（老师）　　10) lǚxíng
（旅行）　　11) yǔsǎn
（雨伞）　　12) chǎofàn
（炒饭）

13) miànbāo
（面包）　　14) dàxué
（大学）　　15) Hànyǔ
（汉语）　　16) màoyì
（贸易）

▶ ［第3声＋第3声］は［第2声＋第3声］に変わる。ただし声調記号の表記は変わらない。

Nǐ　hǎo.　　　　→　　Ní　hǎo.
你　好。（こんにちは）　　　你　好。

7 軽声

第1声＋軽声	第2声＋軽声	第3声＋軽声	第4声＋軽声
ā a	á a	ǎ a	à a

▶07

♪016

練習9　1) māma（妈妈）　　2) yéye（爷爷）　　3) jiějie（姐姐）　　4) bàba（爸爸）

8 その他のルール

♪017

■ r 化

音節の最後に er を合体させ、舌先を上に立てて発音する。つづり上は r のみを追加する。

huār（花儿）　　yìdiǎnr（一点儿）　　xiǎoháir（小孩儿）

■ "一" の声調変化

yī 一 ＋ 第1・2・3声 →	yì 一 ＋ 第1・2・3声
yī 一 ＋ 第4声 →	yí 一 ＋ 第4声

▶ 声調記号は変化した形で表記する。

yìqiān（一千）　　yìnián（一年）　　yìbǎi（一百）　／　yíwàn（一万）

▶ "一" が日付や順序を表すときは、第1声のまま変化しない。

yīyuè yīhào（一月一号）　　dì yī kè（第一课）

■ "不" の声調変化

bù 不 ＋ 第4声 →	bú 不 ＋ 第4声

▶ 声調記号は変化した形で表記する。

bù hē（不喝）　　bù lái（不来）　　bù mǎi（不买）　／　bú yào（不要）

■ 隔音記号

2音節目以降が a, o, e で始まる場合、音節の切れ目をはっきりさせるために「'」を入れる。

liàn'ài（恋爱）　　hǎi'ōu（海鸥）　　xīngqī'èr（星期二）

覚えておきたい表現

初対面のとき

♪018

Nǐ hǎo.
你 好。

Nǐ hǎo.
你 好。

お礼を言う

Xièxie.
谢谢。

Bú xiè.
不 谢。

Bú kèqi.
／ 不 客气。

謝る

Duìbuqǐ.
对不起。

Méi guānxi.
没 关系。

別れる

Zàijiàn.
再见。

Zàijiàn.
再见。

名前を尋ねる

Nǐ xìng shénme ?
你 姓 什么？

Nín guì xìng ?
／ 您 贵 姓？

Wǒ xìng Lìhuā.
我 姓 立花。

Nǐ jiào shénme míngzi ?
你 叫 什么 名字？

Wǒ jiào Lìhuā Huìměi.
我 叫 立花 惠美。

数字

♪019

líng	yī	èr	sān	sì	wǔ	liù	qī	bā	jiǔ	shí
零	一	二	三	四	五	六	七	八	九	十

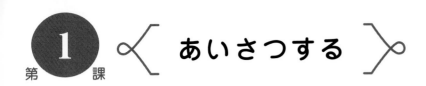

第 1 課 **あいさつする**

＊ 目標 ＊
- □ 中国語であいさつができるようになろう
- □ 日本人・中国人であると言えるようになろう

♪020  会 話

立花さんは交流会で中国人学生と出会いました。

♪021

你 nǐ
あなた

好 hǎo
よい、元気である

是 shì
〜である

中国人
Zhōngguórén
中国人

吗 ma
〜か

不 bù
〜ない

我 wǒ
私

日本人 Rìběnrén
日本人

留学生
liúxuéshēng
留学生

认识 rènshi
知り合う

很 hěn
とても

高兴 gāoxìng
うれしい

文法のポイント

1　人称代名詞

	1人称	2人称	3人称
単数	wǒ 我	nǐ　　nín 你（您）	tā　　　tā 他　／　她
複数	wǒmen 我们	nǐmen 你们	tāmen　　tāmen 他们　／　她们

2　"是"

肯定　　| A　是　B |　「AはBです」

Wǒ shì Rìběnrén.
我　是　日本人。　　　　　　　　　　　　　私は日本人です。

Tāmen shì liúxuéshēng.
他们　是　留学生。　　　　　　　　　　　　彼らは留学生です。

否定　　| A　不是　B |　「AはBではありません」

Wǒ bú shì Zhōngguórén.
我　不　是　中国人。　　　　　　　　　　　私は中国人ではありません。

Tāmen bú shì dàxuéshēng.
他们　不　是　大学生。　　　　　　　　　　彼らは大学生ではありません。

3　"吗"疑問文

| ～吗？ |　Yes か No か答えてほしいときには、文末に"吗"をつける。

Nǐmen shì dàxuéshēng ma?
你们　是　大学生　吗？　　　　　　　　　　あなたたちは大学生ですか。

Tā shì Hánguórén ma?
他　是　韩国人　吗？　　　　　　　　　　　彼は韓国人ですか。

♪023

❶ 次の単語を使って文を完成させましょう。

xuésheng
学生

lǎoshī
老师

wàiguórén
外国人

Wǒ
1) 我 ＿＿＿＿＿ ＿＿＿＿＿＿＿＿。　　　　　　　　私は学生です。

Tā
2) 他 ＿＿＿＿＿ ＿＿＿＿＿＿ ＿＿＿＿＿。　　　　　彼は先生ではありません。

shì
3) ＿＿＿＿＿＿ 是 ＿＿＿＿＿＿＿＿ ＿＿＿＿？　　　彼らは外国人ですか。

Tāmen
4) 他们 ＿＿＿＿＿ ＿＿＿＿＿ ＿＿＿＿＿＿＿。　　　彼らは外国人ではありません。

♪024

❷ 次の単語を使って対話を完成させましょう。

fānyì
翻译

dàifu
大夫

shì
1) A：＿＿＿＿＿ 是 ＿＿＿＿＿＿＿＿＿ ＿＿＿＿？　　彼女は通訳ですか。

Tā
　 B：她 ＿＿＿＿＿ ＿＿＿＿＿＿＿＿＿。　　　　　　　彼女は通訳です。

shì
2) A：＿＿＿＿＿ 是 ＿＿＿＿＿＿＿＿ ＿＿＿＿？　　彼は医者ですか。

Tā
　 B：他 ＿＿＿＿＿ ＿＿＿＿ ＿＿＿＿＿＿＿。　　　　彼は医者ではありません。

◀ 練習B

1 音声を聞いて（　　）を埋めましょう。 ♪025

　　　Tā
1）她（　　　）（　　　　　　　）。

　　　　　　　　　　　　shì liúxuéshēng
2）（　　　）（　　　）是　留学生。

　　　　　　　　shì dàxuéshēng
3）（　　　　）是　大学生（　　　）？

　　　Tāmen　　　　　　　　Zhōngguórén
4）他们（　　　）（　　　）中国人。

2 音声を聞いて質問を書きとり、絵を見て答えましょう。 ♪026

1)
質問 _____

答え _____

2)
質問 _____

答え _____

3)
質問 _____

答え _____

試試看！ 以下を参考に、立花さんと中国人学生の会話を再現してみましょう。

中国人学生

1 あいさつをする

2 中国の人かどうか尋ねる

3 留学生だと答える

立花さん

1 あいさつをする

2 日本人だと答え、留学生かどうか尋ねる

3 初対面のあいさつをする

第2課 名前を尋ねる

目標
- □ 相手の名前を尋ねられるようになろう
- □ 趣味について話せるようになろう

 ♪027  会話

写真を見ながら阿部さんが友達と話しています。

Tā shì shéi?
她 是 谁?

Tā shì wǒ péngyou.
她 是 我 朋友。

Tā jiào shénme míngzi?
她 叫 什么 名字?

Tā jiào Liú Lì.
她 叫 刘 丽。

♪028

谁 shéi
だれ

朋友 péngyou
友達

叫 jiào
（名前を）～という

什么 shénme
何、何の

名字 míngzi
名前

刘丽 Liú Lì
劉麗〔人名〕

的 de
～の

爱好 àihào
趣味

游泳 yóuyǒng
泳ぐ

Tā de àihào shì shénme?
她 的 爱好 是 什么?

Tā de àihào shì yóuyǒng.
她 的 爱好 是 游泳。

★ 文法のポイント

1 疑問詞 "谁"「だれ」

♪029

疑問詞は答えを求める部分に置き、文末に "吗" はつけない。

Tā shì shéi?
她 是 **谁**?　　　　　　　　　　　彼女はだれですか。

Shéi shì lǎoshī?
谁 是 老师?　　　　　　　　　　どの人が先生ですか。

2 疑問詞 "什么"「何」「何の」

Nǐ de àihào shì shénme?
你 的 爱好 是 **什么**?　　　　　　あなたの趣味は何ですか。

Nǐ jiào shénme míngzi?
你 叫 **什么** 名字?　　　　　　　あなたの名前は何といいますか。

Wǒ jiào Ābù Gāng.
—— 我 叫 阿部 刚。　　　　　　　私の名前は阿部剛と申します。

3 "的"「～の」

"的" は、前の語が後ろの名詞を修飾することを表す。

tā de shū　　　　　　　　　　　gēge de chē
她 **的** 书　彼女の本　　　　　　哥哥 **的** 车　兄の車

Wǒ de àihào shì tīng yīnyuè.
我 **的** 爱好 是 听 音乐。　　　　私の趣味は音楽を聴くことです。

家族や人間関係、所属先（学校・会社）などを言う場合は "的" を省略することができる。

wǒ bàba　　　　　　　　　　　　tā péngyou
我 爸爸　私の父　　　　　　　　　她 朋友　彼女の友達

wǒmen xuéxiào　　　　　　　　　tāmen gōngsī
我们 学校　私たちの学校　　　　　他们 公司　彼らの会社

Tā shì wǒ tóngxué.
她 是 我 同学。　　　　　　　　　彼女は私のクラスメートです。

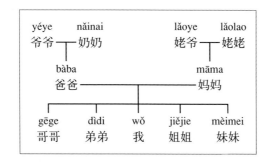

練習 A

♪030

1 次の単語を使って文を完成させましょう。

gēge
哥哥

jiějie
姐姐

dìdi
弟弟

    Tā
1) 他 _____ _____ _____ 。　　　　　　　　彼は私の兄です。

         shì
2) _____ 是 _____ ? 　　　　　　　　　　どの人が彼女のお姉さんですか。

    Tā
3) 他 _____ _____ _____ 。　　彼の兄は医者です。

    Wǒ
4) 我 _____ _____ _____ 。　私の弟は大学生ではありません。

♪031

2 次の語句を使って対話を完成させましょう。

kàn shū
看 书

chàng gē
唱 歌

      Nǐ　　　　　　　　shì
1) A：你 _____ _____ 是 _____ ? 　　　あなたの趣味は何ですか。

           àihào
   B：_____ 爱好 _____ _____ _____ 。　私の趣味は読書です。

         de　　　　shì
2) A：_____ 的 _____ 是 _____ ? 　　　彼女の趣味は何ですか。

      Tā
   B：她 _____ _____ _____ _____ 。　彼女の趣味は歌うことです。

練習 B

1 音声を聞いて（　　）を埋めましょう。 ♪032

　　Tā　shì
1) 他 是 （　　　）?

　　　　　　shì　　　　　lǎoshī
2) （　　　）是 （　　　　）老师?

　　Nǐ
3) 你 （　　　）（　　　　）（　　　　）?

　　Nǐ　　　　　àihào　shì　　　　　　ma
4) 你 （　　　）爱好 是 （　　　　）吗?

2 音声を聞いて質問を書きとり、絵を見て答えましょう。 ♪033

1)
　　　　質問 _____
　　　　答え _____

2)
　　　　質問 _____
　　　　答え _____

3)
　　　　質問 _____
　　　　答え _____

試试看! 以下を参考に、阿部さんと友達の会話を再現してみましょう。

友 達	阿部さん
❶ 写真を見てだれなのか尋ねる	❶ だれなのか答える
❷ その人の名前を尋ねる	❷ 名前を伝える
❸ その人の趣味を尋ねる	❸ 趣味を伝える

食べたいものを尋ねる

※目標※
　□ 食べたいもの、飲みたいものを言えるようになろう
　□ 相手はどうするか、同じ質問を返せるようになろう

♪034

喫茶店で立花さんが友達と話しています。

♪035

喝 hē
飲む

咖啡 kāfēi
コーヒー

呢 ne
〜は？

红茶 hóngchá
紅茶

吃 chī
食べる

蛋糕 dàngāo
ケーキ

布丁 bùdīng
プリン、プディング

也 yě
〜も

Nǐ hē shénme?
你 喝 什么？

Wǒ hē kāfēi, nǐ ne?
我 喝 咖啡，你 呢？

Wǒ hē hóngchá.
我 喝 红茶。

Nǐ chī dàngāo ma?
你 吃 蛋糕 吗？

Wǒ bù chī dàngāo, chī bùdīng.
我 不 吃 蛋糕，吃 布丁。

Wǒ yě chī bùdīng.
我 也 吃 布丁。

★ 文法のポイント

1 動詞述語文

♪036

肯定　| 主語 ＋ 動詞 ＋ 目的語 |

Wǒ hē wūlóngchá.
我 喝 乌龙茶。　　　　　　　　私はウーロン茶を飲みます。

Tā chī Zhōngguócài.
他 吃 中国菜。　　　　　　　　彼は中華料理を食べます。

否定　| 主語 ＋ "不" ＋ 動詞 ＋ 目的語 |

Tā bù chī dàngāo.
他 不 吃 蛋糕。　　　　　　　　彼はケーキを食べません。

Wǒ bú kàn diànshì.
我 不 看 电视。　　　　　　　　私はテレビを見ません。

疑問　"吗" や疑問詞を使う。

Nǐ hē kāfēi ma?　　　Hē.　　Bù hē.
你 喝 咖啡 吗？ —— 喝。／ 不 喝。コーヒーを飲みますか。——飲みます。／飲みません。

Nǐmen xué shénme?　　Wǒmen xué Hànyǔ.
你们 学 什么？ —— 我们 学 汉语。

　　　　　　　あなたたちは何を勉強しますか。——私たちは中国語を勉強します。

2 副詞 "也" 「〜も」

副詞は必ず動詞の前に置く。

Wǒ yě hē hóngchá.
我 也 喝 红茶。　　　　　　　　私も紅茶を飲みます。

Tā yě shì dàxuéshēng.
他 也 是 大学生。　　　　　　　彼も大学生です。

3 省略疑問文 "呢" 「〜は？」

Wǒ hē kāfēi, nǐ ne?
我 喝 咖啡, 你 呢？　　　　　　私はコーヒーを飲むけど、あなたは？

Wǒmen xuéxí Yīngyǔ, nǐmen ne?
我们 学习 英语, 你们 呢？　　　私たちは英語を勉強します。あなた方は？

練習A

1 次の単語を使って文を完成させましょう。

kělè	niúnǎi	kuàngquánshuǐ
可乐	牛奶	矿泉水

Tā
1）他 ＿＿＿＿ ＿＿＿＿＿＿＿。　　　　彼はコーラを飲みます。

Wǒ
2）我 ＿＿＿＿ ＿＿＿＿ ＿＿＿＿＿＿＿。　　私は牛乳を飲みません。

hē
3）＿＿＿＿ 喝 ＿＿＿＿＿＿＿ ＿＿＿＿？　あなたはミネラルウォーターを飲みますか。

kělè
4）＿＿＿＿＿ ＿＿＿ 可乐？　　　　だれがコーラを飲みますか。

2 次の単語を使って対話を完成させましょう。

hànbǎobāo	Yìdàlìmiàn
汉堡包	意大利面

Nǐ
1）A：你 ＿＿＿＿ ＿＿＿＿＿＿＿？　　　あなたは何を食べますか。

Wǒ
　　B：我 ＿＿＿＿ ＿＿＿＿＿＿＿＿＿。　私はハンバーガーを食べます。

Wǒ
2）A：我 ＿＿＿＿ ＿＿＿＿＿＿＿＿, ＿＿＿＿ ＿＿＿＿？　私はスパゲティを食べるけど、あなたは？

Wǒ
　　B：我 ＿＿＿＿ ＿＿＿＿ ＿＿＿＿＿＿＿。　私もスパゲティを食べます。

練習 B

1 音声を聞いて（　　）を埋めましょう。　♪039

　　　Tā
1）他（　　　）（　　　　　）音乐？

　　　Dìdi
2）弟弟（　　　）（　　　）（　　　　）。

　　　Wǒ　jiějie　　　　　　　　Hànyǔ
3）我　姐姐（　　　）（　　　）汉语。

　　　Wǒ　　　　　dàxuéshēng　nǐ
4）我（　　　）大学生，你（　　　　）？

2 音声を聞いて質問を書きとり、絵を見て答えましょう。　♪040

1）

質問 _____

答え _____

2）

質問 _____

答え _____

3）

質問 _____

答え _____

試試看！ 以下を参考に、立花さんと友達の会話を再現してみましょう。

立花さん

立花さん
1 何を飲むか尋ねる
2 飲むものを答える
3 食べるものを答える

友 達

友 達
1 飲むものを答え、相手はどうするか尋ねる
2 ケーキを食べるか尋ねる
3 自分も同じものを食べると言う

第4課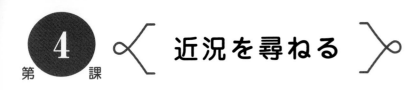

近況を尋ねる

✳目標✳　□ 相手が忙しいかどうか、尋ねられるようになろう
　　　　　□ 週末の予定について話せるようになろう

 ♪041  会話

図書館で阿部さんが友達と話しています。

Nǐ zhōumò máng ma?
你 周末 忙 吗？

Wǒ bù máng, nǐ ne?
我 不 忙，你 呢？

Wǒ xīngqīliù、 xīngqītiān dǎgōng, hěn máng.
我 星期六、星期天 打工，很 忙。

Wǒ xiànzài bù dǎgōng, zuòyè yě bù duō.
我 现在 不 打工，作业 也 不 多。

Wǒ de zuòyè tèbié duō.
我 的 作业 特别 多。

Zhēn xīnkǔ.
真 辛苦。

♪042

周末 zhōumò
週末

忙 máng
忙しい

星期六 xīngqīliù
土曜日

星期天 xīngqītiān
日曜日

打工 dǎgōng
アルバイトをする

现在 xiànzài
今、現在

作业 zuòyè
宿題

多 duō
多い

特别 tèbié
特に、とりわけ

真 zhēn
本当に

辛苦 xīnkǔ
辛い、大変である

24

★ 文法のポイント

1 形容詞述語文

♪043

肯定　主語 ＋ 副詞（"很"など）＋ 形容詞

形容詞を単独で使うと比較などのニュアンスをもつ文になるため、形容詞の前に何らかの副詞を置く。

Wǒ hěn máng.
我 **很** 忙。　　　　　　　　　　　　　　私は忙しい。

Bùdīng hěn hǎochī.
布丁 **很** 好吃。　　　　　　　　　　　　プリンはおいしい。

否定　主語 ＋ "不" ＋ 形容詞

Tā bù máng.
他 **不** 忙。　　　　　　　　　　　　　　彼は忙しくない。

Wǒ de zuòyè bù duō.
我 的 作业 **不** 多。　　　　　　　　　　私の宿題は多くない。

疑問　主語 ＋ 形容詞 ＋ "吗"?

Nǐ máng ma?　　Hěn máng.　Bù máng.　　　あなたは忙しいですか。
你 忙 吗? ── **很** 忙。/ **不** 忙。　　　　──はい。/いいえ。

Wūlóngchá hǎohē ma?　　Hěn hǎohē.　Bù hǎohē.　ウーロン茶はおいしいですか。
乌龙茶 好喝 吗? ── **很** 好喝。/ **不** 好喝。　──はい。/いいえ。

2 曜日の言い方・尋ね方

xīngqīyī	xīngqī'èr	xīngqīsān	xīngqīsì	xīngqīwǔ	xīngqīliù	xīngqītiān／xīngqīrì
星期一	星期二	星期三	星期四	星期五	星期六	星期天／星期日

qiántiān	zuótiān	jīntiān	míngtiān	hòutiān	měitiān
前天	昨天	今天	明天	后天	每天

時間を表すことばが述語のとき "是" を使わなくてもよいが、否定では必ず "是" を使う。

Jīntiān xīngqī jǐ?　　　Jīntiān xīngqī'èr.
今天 星期 几? ── 今天 星期二。　　今日は何曜日ですか。──今日は火曜日です。

Míngtiān bú shì xīngqīsì.
明天 不 是 星期四。　　　　　　明日は木曜日ではありません。

「いつ～する」と言いたいとき、時間を表すことばは動詞の前に置く。

Wǒ xīngqī'èr xuéxí Hànyǔ.
我 星期二 学习 汉语。　　　　　　私は火曜日に中国語を勉強します。

Tā měitiān chī bīngqílín.
他 每天 吃 冰淇淋。　　　　　　　彼は毎日アイスを食べます。

練習A

♪044

① 次の単語を使って文を完成させましょう。

rè 热	lěng 冷	nuǎnhuo 暖和	liángkuai 凉快

Jīntiān
1）今天 _____ _____ 。　　　　　　　　今日は暑いです。

Zuótiān
2）昨天 _____ _____ 。　　　　　　　　昨日は寒くありませんでした。

Míngtiān　　　　　　ma
3）明天 _____ 吗？　　　　　　　明日は暖かいですか。

Jīntiān
4）今天 _____ _____ _____ 。　　今日も涼しいです。

♪045

② 次の単語を使って対話を完成させましょう。

xié　hǎokàn 鞋 / 好看	gē　hǎotīng 歌 / 好听

　　　　　　de
1）A：_____ 的 _____ _____ _____ ？　　彼女の靴はすてきですか。

　　Tā　　　xié
　B：她 _____ 鞋 _____ 。　　　　　　　　彼女の靴はすてきです。

　　Tā
2）A：他 _____ _____ _____ _____ ？　　彼の歌はいいですか。

　　Tā
　B：他 _____ _____ _____ 。　　　　彼の歌はよくありません。

26

◀ 練習 B

♪046

❶ 音声を聞いて（　　）を埋めましょう。

Nǐ
1）你　（　　　　）（　　　　　）？

Zuótiān
2）昨天　（　　　　）（　　　　　　）。

Tā　xīngqī
3）她　星期　（　　　　）（　　　　　）。

Wǒ　　　　　　　　　　　máng
4）我　（　　　　）（　　　　）忙。

♪047

❷ 音声を聞いて質問を書きとり、絵を見て答えましょう。

1)

質問 _____

答え _____

2)

質問 _____

答え _____

3)

質問 _____

答え _____

試試看! 以下を参考に、阿部さんと友達の会話を再現してみましょう。

阿部さん

① 週末忙しいか尋ねる

② 土日の予定を答える

③ 宿題が多いことを伝える

友 達

① 答えた上で、相手はどうか尋ねる

② 自分の状況を伝える

③ 相手をねぎらって一言言う

♪048

Tā shì wǒ péngyou, jiào Liú Lì,　shì Zhōngguó liúxuéshēng.
她 是 我 朋友，叫 刘 丽，是 中国 留学生。

Tā　de　àihào　shì　yóuyǒng.　Tā　de　zuòyè　tèbié　duō,
她 的 爱好 是 游泳。 她 的 作业 特别 多，

tā　zhōumò　yě　hěn　máng,　xīngqīliù,　xīngqītiān　dǎgōng,　hěn　xīnkǔ.
她 周末 也 很 忙，星期六、星期天 打工，很 辛苦。

❶ 劉麗さんについての日本語の質問を、中国語に訳しましょう。

1） 彼女の名前は何といいますか。

_____

2） 彼女は中国人ですか。

_____

3） 彼女の趣味は何ですか。

_____

4） 彼女の宿題は多いですか。

_____

5） 彼女は週末忙しいですか。

_____

6） 彼女は今アルバイトをしていますか。

_____

♪049

❷ 劉麗さんについての質問を聞き、中国語で答えましょう。

1） _____

2） _____

3） _____

4） _____

5） _____

6） _____

❸ 劉麗さんの友人になったつもりで、劉麗さんのことを紹介してみましょう。

試試看! 次の質問について考え、クラスの中で教え合ってみましょう。

❶ 中国語の文では、動詞と目的語の並べ方は、日本語と同じですか。

❷ どんなときに"吗"を使いますか。"谁"を使う疑問文に"吗"は使いますか。

❸ どんなことばで動詞と形容詞を否定しますか。動詞の否定文はどうやって作りますか。

❹ 時間を表すことばは動詞の前に置きますか、それとも動詞の後ろに置きますか。

❺ "我也。"のように"也"で文を終わらせることはできますか。

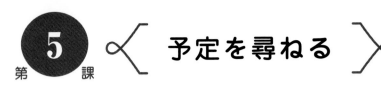

第5課 予定を尋ねる

✳目標✳
- ☐ 相手の予定を尋ねられるようになろう
- ☐ 何時に何をするか言えるようになろう

 ♪050  会話

校内で立花さんが友達と話しています。

♪051

去 qù
行く

哪儿 nǎr
どこ

食堂 shítáng
食堂

下午 xiàwǔ
午後

几 jǐ
いくつ

点 diǎn
〜時

下课 xiàkè
授業が終わる

四 sì
4

半 bàn
30分、半分

以后 yǐhòu
〜のあと、以後

和 hé
〜と

图书馆 túshūguǎn
図書館

吧 ba
〜しよう〔勧誘を表す〕

★ 文法のポイント

1 疑問詞 "哪儿"「どこ」

♪052

Tā qù nǎr ?　　Tā qù Sègǔ.
她 去 哪儿？ —— 她 去 涩谷。　　彼女はどこに行くの？——渋谷に行く。

Nǐ shì nǎr de xuésheng ?　　Wǒ shì Fúsāng Dàxué de xuésheng.
你 是 哪儿 的 学生？ —— 我 是 扶桑 大学 的 学生。

あなたはどこの学生ですか。——私は扶桑大学の学生です。

2 時刻の言い方と数詞

Xiànzài jǐ diǎn ?　　Xiànzài liǎng diǎn bàn.
现在 几 点？ —— 现在 两 点 半。　　いま何時ですか。——いま2時半です。

líng	yī	èr	sān	sì	wǔ	liù	qī	bā	jiǔ	shí
零	一	二	三	四	五	六	七	八	九	十
shíyī	shí'èr	èrshí	èrshiyī	èrshi'èr	sānshí	sìshí	wǔshí	liùshí		
十一	十二	二十	二十一	二十二	三十	四十	五十	六十		

sì diǎn líng wǔ fēn
四 点 零 五 分　　4:05

liù diǎn shí fēn
六 点 十 分　　6:10

bā diǎn yí kè
八 点 一 刻　　8:15

shí'èr diǎn bàn
十 二 点 半　　12:30

shí diǎn sān kè
十 点 三 刻　　10:45

chà wǔ fēn yì diǎn
差 五 分 一 点　　12:55

zǎoshang	shàngwǔ	zhōngwǔ	xiàwǔ	wǎnshang	yèli
早上	上午	中午	下午	晚上	夜里

Wǒ zǎoshang qī diǎn chī zǎofàn.
我 早上 七 点 吃 早饭。　　私は朝7時に朝食を食べます。

Nǐmen jǐ diǎn xiàkè ?　　Wǒmen sì diǎn bàn xiàkè.
你们 几 点 下课？ —— 我们 四 点 半 下课。

あなたたちは何時に授業が終わりますか。——私は4時半に授業が終わります。

3 前置詞 "和"「～と」

"和" の後ろに動作を共にする相手を置き、その後ろに動詞を置く。

| "和" ＋ 人 ＋ 動詞 （＋目的語） | 「～と…する」 |

Wǒ hé tā hē kāfēi.
我 和 她 喝 咖啡。　　私は彼女とコーヒーを飲みます。

Nǐ hé shéi qù túshūguǎn ?
你 和 谁 去 图书馆？　　あなたはだれと図書館へ行くのですか。

練習A

♪053

❶ 次の単語を使って文を完成させましょう。時刻は下線部1つに入れてください。

qǐchuáng 起床

xǐzǎo 洗澡

shuìjiào 睡觉

Tā
1）她 ＿＿＿＿＿＿＿ ＿＿＿＿＿＿＿ ？ 　　　　彼女は何時に起きますか。

Bàba
2）爸爸 ＿＿＿＿＿＿＿ ＿＿＿＿＿＿＿ ＿＿＿＿＿＿ 。 　父は朝6時15分に起きます。

Tā
3）他 ＿＿＿＿＿＿＿ ＿＿＿＿＿＿＿ 。 　　　彼は夜8時に入浴します。

Wǒ
4）我 ＿＿＿＿＿＿＿ ＿＿＿＿＿＿＿ ＿＿＿＿＿ 。 　私は夜11時半に寝ます。

♪054

❷ 次の単語を使って対話を完成させましょう。

biànlìdiàn 便利店

dòngwùyuán 动物园

Nǐ　　　　qù
1）A：你 ＿＿＿ ＿＿＿ 去 ＿＿＿＿＿＿ ？ 　　あなただれとコンビニに行きますか。

Wǒ　　tā
　 B：我 ＿＿＿ 他 ＿＿＿＿＿＿＿ 。 　　私は彼とコンビニに行きます。

Tā
2）A：他 ＿＿＿ ＿＿＿＿＿＿ ＿＿＿ ＿＿＿＿＿ ？ 　彼は友達とどこへ行きますか。

Tā
　 B：他 ＿＿＿ ＿＿＿＿＿＿＿＿＿ 。 　彼は友達と動物園へ行きます。

練習 B

♪055

1 音声を聞いて（　　）を埋めましょう。

Nǐ
1）你 （　　　）（　　　　）？

Tā　　　　　diǎn　　　　xiàkè
2）他 （　　　）点 （　　　）下课。

Wǒ　　　　　　　　　　　qù xuéxiào
3）我 （　　　）（　　　）去 学校。

Wǒmen hē
4）我们 喝 （　　　　）（　　　）。

♪056

2 音声を聞いて質問を書きとり、絵を見て答えましょう。

1）

質問 _____

答え _____

2）

質問 _____

答え _____

3）

質問 _____

答え _____

试试看！ 以下を参考に、立花さんと友達の会話を再現してみましょう。

立花さん
1 どこへ行くか尋ねる
2 何時に授業が終わるか尋ねる
3 授業が終わったあと、図書館へ行こうと誘う

友 達
1 行く場所を答える
2 授業の終わる時間を言う
3 了承する

第6課 場所を尋ねる

＊目標＊　□ 行きたい場所がどこにあるか、尋ねられるようになろう

♪057 😀 **会 話** 😀

阿部さんは、ホテルのフロントでチェックインしたところです。

Zhè shì nín de yàoshi.
这 是 您 的 钥匙。

Xièxie.
谢谢。

Cāntīng zài nǎr?
餐厅 在 哪儿?

Cāntīng zài yī lóu.
餐厅 在 一 楼。

Kāfēitīng ne?
咖啡厅 呢?

Kāfēitīng yě zài yī lóu.
咖啡厅 也 在 一 楼。

Zǎocān jǐ diǎn kāishǐ?
早餐 几 点 开始?

Liù diǎn bàn.
六 点 半。

♪058

这 zhè
これ、この

钥匙 yàoshi
鍵

谢谢 xièxie
ありがとう

餐厅 cāntīng
レストラン

在 zài
〜にある

楼 lóu
〜階

咖啡厅 kāfēitīng
カフェ、喫茶店

早餐 zǎocān
朝食

开始 kāishǐ
始まる

★ 文法のポイント

1 指示代名詞 (1)

これ	それ	あれ
zhè (zhèi)		nà (nèi)
这		那

Zhè shì shénme?
这 是 什么？　　　　　　　　これは何ですか。

　　Zhè shì wǒ de yàoshi.
── **这 是 我 的 钥匙。**　　　──これは私の鍵です。

Nà shì tā de shǒujī ma?
那 是 他 的 手机 吗？　　　あれは彼の携帯電話ですか。

　　Shì, nà shì tā de (shǒujī). Bú shì, nà shì wǒ de (shǒujī).
── **是，那 是 他 的（手机）。／不 是，那 是 我 的（手机）。**
　　　　　　　　　　　　　　──はい、あれは彼のです。／いいえ、あれは私のです。

Zhè bú shì wǒ de shū.
这 不 是 我 的 书。　　　　これは私の本ではありません。

2 存在を表す "在"

肯定　| **もの／人 ＋ "在" ＋ 場所** | 「…は〜にある／いる」

Cāntīng zài nàr.
餐厅 在 那儿。　　　　　　　レストランはあそこにあります。

Tā zài yī lóu.
他 在 一 楼。　　　　　　　彼は1階にいます。

否定　| **もの／人 ＋ "不" ＋ "在" ＋ 場所** | 「…は〜にない／いない」

Cāntīng bú zài yī lóu.
餐厅 不 在 一 楼。　　　　　レストランは1階にはありません。

Tā bú zài zhèr.
他 不 在 这儿。　　　　　　彼はここにいません。

疑問　Cāntīng zài nǎli?
餐厅 在 哪里？　　　　　　　レストランはどこにありますか。

Tā zài yī lóu ma?
他 在 一 楼 吗？　　　　　　彼は1階にいますか。

ここ	そこ	あそこ	どこ
zhèr zhèli	nàr nàli		nǎr nǎli
这儿／这里	那儿／那里		哪儿／哪里

練習A

♪060

1 次の単語を使って文を完成させましょう。

shǒubiǎo
手表

hùzhào
护照

kèběn
课本

　　　　　shì　　　　de
1) ＿＿＿＿ 是 ＿＿＿＿ 的 ＿＿＿＿＿＿＿。　　　　これは彼の腕時計です。

　　　　　　　　shì wǒ
2) ＿＿＿＿ ＿＿＿＿ 是 我 ＿＿＿＿ ＿＿＿＿＿＿＿。　　あれは私のパスポートではありません。

　　Zhè　　　　　　de
3) 这 ＿＿＿＿ ＿＿＿＿ 的 ＿＿＿＿＿＿＿？　　　　これはだれの教科書ですか。

　　Nà shì
4) 那 是 ＿＿＿＿ ＿＿＿＿ ＿＿＿＿＿＿＿ ＿＿＿＿？　　あれはあなたのパスポートですか。

♪061

2 次の単語を使って対話を完成させましょう。

yóujú
邮局

xǐshǒujiān
洗手间

　　Yóujú
1) Ａ：邮局 ＿＿＿＿ ＿＿＿＿＿＿＿？　　　　郵便局はどこにありますか。

　　　　　　　　zài
　　Ｂ：＿＿＿＿＿＿＿ 在 ＿＿＿＿＿＿＿。　　郵便局はあそこにあります。

　　　　　　　　　　zhèr
2) Ａ：＿＿＿＿＿＿＿ ＿＿＿＿ 这儿 ＿＿＿＿？　　トイレはここですか。

　　Xǐshǒujiān
　　Ｂ：洗手间 ＿＿＿＿ ＿＿＿＿ ＿＿＿＿＿＿＿。　　トイレはここにはありません。

練習 B

1 音声を聞いて（　　）を埋めましょう。 ♪062

           shì wǒ

1）（　　　）是 我 （　　　）（　　　　）。

                shì   de

2）（　　）（　　　）是 （　　）的 （　　　　）。

               zài

3）（　　　　　）在 （　　　　）？

   Túshūguǎn   zhèr

4）图书馆 （　　　）（　　　）这儿。

2 音声を聞いて質問を書きとり、絵を見て答えましょう。 ♪063

1)

質問 _____

答え _____

2)

質問 _____

答え _____

3)

質問 _____

答え _____

試試看！ 以下を参考に、阿部さんとホテルの従業員の会話を再現してみましょう。

従業員	阿部さん
❶ ルームキーを渡す	❶ 受け取って、レストランはどこか尋ねる
❷ レストランの場所を伝える	❷ カフェはどこか尋ねる
❸ カフェの場所を伝える	❸ 朝食は何時からか尋ねる
❹ 朝食の時間を伝える	

注文する

第7課

✱目標✱　□ 料理や飲みものを注文できるようになろう
　　　　　□ ほしいものがあるかどうか尋ねられるようになろう

♪064

♪065

中国人の店員がいるレストランで、立花さんが注文しています。

有 yǒu
ある

麻婆茄子
mápó qiézi
麻婆ナス

没有 méi yǒu
ない

麻婆豆腐
mápó dòufu
麻婆豆腐

和 hé
〜と…

红烧茄子
hóngshāo qiézi
ナスの醤油煮

要 yào
要る、ほしい

个 ge
〜個

饮料 yǐnliào
飲みもの、飲料

扎啤 zhāpí
生ビール

请 qǐng
〜してください

等 děng
待つ

一下 yíxià
少し、ちょっと

服务员 fúwùyuán
従業員

买单 mǎidān
勘定を払う

★ 文法のポイント

1 所有と存在を表す "有"

♪066

肯定　　有　「持っている／いる／ある」

Wǒ yǒu cídiǎn.
我 有 词典。　　　　　　　　　　　　　私は辞書を持っています。

Tā yǒu Zhōngguó péngyou.
他 有 中国 朋友。　　　　　　　　　　彼には中国人の友人がいます。

Yī lóu yǒu kāfēitīng.
一 楼 有 咖啡厅。　　　　　　　　　　1階には喫茶店があります。

否定　　没有　「持っていない／いない／ない」

Tā méi yǒu shǒujī.
他 没 有 手机。　　　　　　　　　　　彼は携帯電話を持っていません。

Wǒ méi yǒu gēge.
我 没 有 哥哥。　　　　　　　　　　　私には兄がいません。

Zhèr méi yǒu zhāpí.
这儿 没 有 扎啤。　　　　　　　　　　ここには生ビールがありません。

Yī lóu méi yǒu kāfēitīng.
一 楼 没 有 咖啡厅。　　　　　　　　　1階には喫茶店はありません。

Nǐ yǒu chē ma?　　Yǒu.　Méi yǒu.
疑問　你 有 车 吗？——有。／没 有。
　　　　　　　　　　　　車を持っていますか。——持っています。／持っていません。

Zhèr yǒu kāfēitīng ma?
这儿 有 咖啡厅 吗？　　　　　　　　　ここに喫茶店はありますか。

2 数量の言い方

　　　数詞 ＋ 量詞（＋名詞）

yí ge jiějie　　　　　　　　　　　liǎng ge mápó dòufu
一 个 姐姐　姉1人　　　　　　　两 个 麻婆 豆腐　麻婆豆腐2つ

Nǐ yào jǐ ge?　　Wǒ yào liǎng ge.
你 要 几 个？——我 要 两 个。　　　　　　いくつ要りますか。——2つください。

Tā yǒu jǐ ge mèimei?　　Tā yǒu yí ge mèimei.
他 有 几 个 妹妹？——他 有 一 个 妹妹。
　　　　　　　　　　　　彼に妹は何人いますか。——1人です。

♪067

1 次の単語を使って文を完成させましょう。

| bǐ 笔 | cídiǎn 词典 | cānkǎoshū 参考书 |

Nǐ
1) 你 ＿＿＿＿ ＿＿＿＿ ＿＿＿＿ ？　　　　　書くものを持っていますか。

Wǒ
2) 我 ＿＿＿＿ ＿＿＿＿ ＿＿＿＿＿＿ 。　　　私は辞書を持っていません。

　　　　　　　cídiǎn
3) ＿＿＿＿ ＿＿＿＿ 词典 ？　　　　　　　だれが辞書を持っているのですか。

Zhèr　　　yǒu
4) 这儿 ＿＿＿＿ 有 ＿＿＿＿＿＿＿＿＿＿ 。　ここには参考書がありません。

♪068

2 次の単語を使って対話を完成させましょう。

miànbāo
面包

bāozi
包子

　　　Nǐ　　　　　　　　　miànbāo
1) A：你 ＿＿＿＿ ＿＿＿＿ ＿＿＿＿ 面包 ？　あなたはいくつパンが要りますか。

　　　Wǒ yào
　 B：我 要 ＿＿＿＿ ＿＿＿＿ ＿＿＿＿＿＿ 。　私はパンが4つほしいです。

　　　Tā　　　　　　　　　bāozi
2) A：她 ＿＿＿＿ ＿＿＿＿ ＿＿＿＿ 包子 ？　彼女は中華まんをいくつ食べますか。

　　　Tā chī
　 B：她 吃 ＿＿＿＿ ＿＿＿＿ ＿＿＿＿＿＿ 。　彼女は中華まんを2つ食べます。

練習 B

1 音声を聞いて（　　）を埋めましょう。　　♪069

　　　　Wǒ
1) 我（　　　）（　　　）（　　　）。

　　　　Nǐ　　　　　　　　　　　　ma
2) 你（　　　）（　　　　　　　）吗？

　　　　Wǒ　　　　　　liǎng　ge
3) 我（　　　）两 个（　　　　）。

　　　Wǒ péngyou chī　　　　　　　　bāozi
4) 我 朋友 吃（　　　）（　　　）包子。

2 音声を聞いて質問を書きとり、絵を見て答えましょう。　　♪070

1)
　　質問 _____
　　答え _____

2)
　　質問 _____
　　答え _____

3)
　　質問 _____
　　答え _____

试试看! 以下を参考に、立花さんとレストランの従業員の会話を再現してみましょう。

　　　　　　立花さん

1 食べたい料理があるか尋ねる

2 料理を注文する

3 生ビールがあるか尋ねる

　　　　　　従業員

1 ないと答え、ある料理を教える

2 飲みものは何にするか尋ねる

3 あると答え、お待ちくださいと言う

第8課 〈 値段の交渉をする 〉

❋目標❋　□ 品物の値段を尋ねられるようになろう
　　　　　　□ 値下げの交渉ができるようになろう

 ♪071

 会話

阿部さんは露店で買い物をしています。

 ♪072

这个 zhège
これ、この

多少钱
duōshao qián
いくら

块 kuài
〜元

太〜了 tài 〜 le
〜すぎる

贵 guì
(値段が) 高い

便宜 piányi
安い

(一)点儿 (yì)diǎnr
少し、ちょっと

怎么样 zěnmeyàng
どう

再 zài
さらに、もっと

吧 ba
〜してください
〔要求・命令などを
表す〕

买 mǎi
買う

42

文法のポイント

1 指示代名詞 (2)

♪073

これ、この	それ、その あれ、あの	どれ、どの
zhège (zhèige)	nàge (nèige)	nǎge (něige)
这个	那个	哪个

Zhège cài hěn hǎochī.
这个 菜 很 好吃。　　　　　　この料理はおいしいです。

Nǎge rén hē yǐnliào?
哪个 人 喝 饮料?　　　　　　だれが飲みものを飲みますか。

2 いろいろな量詞

zhāng 张　～枚	yì zhāng piào 一 **张** 票　チケット1枚	liǎng zhāng zhàopiàn 两 **张** 照片　写真2枚
běn 本　～冊	sān běn shū 三 **本** 书　本3冊	sì běn cídiǎn 四 **本** 词典　辞書4冊
bēi 杯　～杯	wǔ bēi kāfēi 五 **杯** 咖啡　コーヒー5杯	liù bēi niúnǎi 六 **杯** 牛奶　牛乳6杯
jiàn 件　～着	qī jiàn shàngyī 七 **件** 上衣　上着7着	bā jiàn chènshān 八 **件** 衬衫　シャツ8着
shuāng 双　～足、～膳	jiǔ shuāng xié 九 **双** 鞋　靴9足	shí shuāng kuàizi 十 **双** 筷子　箸10膳

Nǐ yào jǐ běn shū?　Wǒ yào sān běn shū.
你 要 几 **本** 书?── 我 要 三 **本** 书。

あなたは本が何冊要りますか。
──3冊ほしいです。

3 値段の言い方・尋ね方

書きことば	yuán 元	jiǎo 角 (= 1/10 元)	fēn 分 (= 1/10 角)
話しことば	kuài 块	máo 毛	fēn 分

bā kuài
八 块　8.00

shíwǔ kuài sān máo
十五 块 三 毛　15.30

yìbǎi jiǔshíbā kuài
一百 九十八 块　198.00

Zhège duōshao qián?　Zhège sānshíwǔ kuài bā (máo).
这个 **多少** 钱?── 这个 三十五 块 八 (毛)。

これはいくらですか。
──これは 35.80 元です。

Zhè běn shū duōshao qián?　Zhè běn shū shísì kuài.
这 本 书 **多少** 钱?── 这 本 书 十四 块。

この本はいくらですか。
──この本は 14.00 元です。

※「この(1冊の)本」は"这本书"、「この2冊の本」なら"这两本书"となる。

Wǒ yào zhè liǎng běn (shū).
我 要 这 两 本 (书)。　　私はこの2冊(の本)がほしいです。

練習A

♪074

❶ 次の単語を使って文を完成させましょう。

zhāng dìtú	běn shū	bēi kāfēi	shuāng kuàizi
张 ／ 地图	本 ／ 书	杯 ／ 咖啡	双 ／ 筷子

Nǐ
1) 你 ＿＿＿ ＿＿＿ ＿＿＿ ＿＿＿？　　　　あなたは地図が何枚ほしいですか。

　　　　　　　　shì
2) ＿＿＿ ＿＿＿ ＿＿＿ 是 ＿＿＿ ＿＿＿。　　あの本は私のです。

Tā hē
3) 他 喝 ＿＿＿ ＿＿＿ ＿＿＿＿。　　　　　彼はコーヒーを1杯飲みます。

Wǒ
4) 我 ＿＿＿ ＿＿＿ ＿＿＿ ＿＿＿＿。　　　　箸を2膳ください。

♪075

❷ 次の単語を使って対話を完成させましょう。

shuāng píxié	jiàn T xùshān
双 ／ 皮鞋	件 ／ T恤衫

　　Zhè　　　　　　　　　duōshao qián
1) A：这 ＿＿＿ ＿＿＿＿ 多少 钱？　　　　この革靴はいくらですか。

　　　　　　　　　　　　　　　kuài
　 B：＿＿＿ ＿＿＿ ＿＿＿＿ ＿＿＿＿ 块。　この革靴は80元です。

　　Nà　　　　　　　　　　duōshao qián
2) A：那 ＿＿＿ ＿＿＿＿＿ 多少 钱？　　　　あのTシャツはいくらですか。

　　　　　　　　　　yìbǎi　　　　kuài
　 B：＿＿＿ ＿＿＿ ＿＿＿＿＿ 一百 ＿＿＿ 块。　あのTシャツは120元です。

44

練習 B

❶ 音声を聞いて（　　）を埋めましょう。　　　　　　　　　　　　♪076

　　　Zhè běn cídiǎn
1) 这　本　词典　（　　　　　）（　　　　　）？

　　　　　　　　　　　　　　　　　sìbǎi kuài
2) （　　　　）（　　　　　）（　　　　　）　400　块。

　　　Yào
3) 要　（　　　）（　　　　）（　　　　　）。

　　　Nǐ yào
4) 你　要　（　　　）（　　　　）（　　　　）？

❷ 音声を聞いて質問を書きとり、絵を見て答えましょう。　　　　♪077

1)
　　　　　　　　　　　　　質問　＿＿＿＿＿＿＿＿＿＿＿＿＿＿＿＿＿＿＿

　　　　80.00元　　　　　答え　＿＿＿＿＿＿＿＿＿＿＿＿＿＿＿＿＿＿＿

2)
　　　　　高い！　　　　　質問　＿＿＿＿＿＿＿＿＿＿＿＿＿＿＿＿＿＿＿

　　　　　　　　　　　　　答え　＿＿＿＿＿＿＿＿＿＿＿＿＿＿＿＿＿＿＿

3)
　　　　　安くして　　　　質問　＿＿＿＿＿＿＿＿＿＿＿＿＿＿＿＿＿＿＿

　　　　　　　　　　　　　答え　＿＿＿＿＿＿＿＿＿＿＿＿＿＿＿＿＿＿＿

試試看！ 以下を参考に、阿部さんと店員の会話を再現してみましょう。

阿部さん

1 値段を尋ねる

2 高いので、値下げしてくれるよう頼む

3 さらに値下げしてくれるよう交渉する

4 2つ買うと伝える

店 員

1 値段を答える

2 値段を提示し、どうかと尋ねる

3 改めて値段を伝える

♪078

Lìhuā jīntiān shí'èr diǎn xiàkè, yí ge liúxuéshēng wèn tā:
立花 今天 十二 点 下课, 一个 留学生 问 她：

"Shítáng zài nǎr?" Tā shuō: "Wǒmen yìqǐ qù ba."
"食堂 在 哪儿？" 她 说："我们 一起 去 吧。"

Shítáng zài wǔ lóu, shítáng yǒu Zhōngcān yě yǒu Rìcān hé Xīcān.
食堂 在 五 楼, 食堂 有 中餐 也 有 日餐 和 西餐。

Fàncài hěn piányi, yí fèn gālífàn sānbǎi Rìyuán. Chī fàn yǐhòu,
饭菜 很 便宜, 一 份 咖喱饭 三百 日元。 吃 饭 以后,

tā hé péngyou qù túshūguǎn.
她 和 朋友 去 图书馆。

単語

立花 Lìhuā：立花〔人名〕　问 wèn：尋ねる　**中餐** Zhōngcān：中華料理　**日餐** Rìcān：日本料理
西餐 Xīcān：西洋料理　**饭菜** fàncài：ごはんとおかず　**份** fèn：〜人前　**咖喱饭** gālífàn：カレーライス
日元 Rìyuán：日本円　**饭** fàn：ごはん、食事

❶ 課文についての日本語の質問を、中国語に訳しましょう。

1) 立花さんは今日何時に授業が終わりますか。

_____

2) 立花さんはだれと食堂へ行きますか。

_____

3) 食堂はどこにありますか。

_____

4) 食堂には日本料理がありますか。

_____

5) カレーライスはいくらですか。

_____

6) 食事のあと、立花さんは友達とどこへ行きますか。

_____

♪079

❷ 課文についての質問を聞き、中国語で答えましょう。

1) _____

2) _____

3) _____

4) _____

5) _____

6) _____

❸ 左ページの絵を見ながら、課文の内容を言ってみましょう。

試試看！ 次の質問について考え、クラスの中で教え合ってみましょう。
① "哪儿" はどんなときに使いますか。
② 「〜しよう」と相手を誘うとき、文末にどんな表現を使いますか。
③ "在" と "有" を否定するときには、同じことばを使いますか。
④ 日本語には「量詞」がありますか。
⑤ "怎么样" は非常に便利なことばですが、どんなときに使いますか。

第9課 出来事を尋ねる①

✳目標✳ □ 夏休みに何をしたか尋ねられるようになろう
　　　　 □ 「〜しに行く」「〜しに来る」の表現を身につけよう

♪080

中国語のクラスで、立花さんがクラスメートと話しています。

Shǔjià nǐ qù nǎr le?
暑假 你 去 哪儿 了？

Wǒ qù Běijīng le.
我 去 北京 了。

Qù cānguān Gùgōng le ma?
去 参观 故宫 了 吗？

Wǒ méi qù.
我 没 去。
Méi yǒu shíjiān.
没 有 时间。

Tài yíhàn le.
太 遗憾 了。

Xiàcì yìqǐ qù ba.
下次 一起 去 吧。

♪081

暑假 shǔjià
夏休み

了 le
〜した〔動作の発生を表す〕

北京 Běijīng
北京

参观 cānguān
見学する

故宫 Gùgōng
故宫

没(有) méi(you)
〜しなかった、〜していない

时间 shíjiān
時間

遗憾 yíhàn
残念である

下次 xiàcì
次回

一起 yìqǐ
一緒に

★ 文法のポイント

1 動作が発生したことを表す "了"

♪082

肯定　| 動詞（＋目的語）＋ "了" |　「〜した」

Wǒ　qù　Běijīng　le.
我　去　北京　了。　　　　　　　　私は北京に行きました。

Zuótiān wǒ　dǎ wǎngqiú le.
昨天　我　打　网球　了。　　　　　昨日私はテニスをしました。

否定　| "没(有)" ＋ 動詞（＋目的語） |　「〜しなかった／していない」

否定の場合、"了" は使わない。

Wǒ méi(you)　qù Shànghǎi.
我　没(有)　去　上海。　　　　　　私は上海に行きませんでした／行っていません。

Wǒ méi(you)　mǎi　kělè.
我　没(有)　买　可乐。　　　　　　私はコーラを買いませんでした／買っていません。

Nǐ　qù　nǎr　le?
疑問　你　去　哪儿　了?　　　　　　あなたはどこへ行きましたか。

Zuótiān nǐ　zuò shénme　le?
昨天　你　做　什么　了?　　　　　　昨日あなたは何をしましたか。

Nǐ　chī　fàn　le　ma?
你　吃　饭　了　吗?　　　　　　　　あなたは食事をしましたか。

2 連動文 (1)

| "去／来"（＋場所）＋ 動詞（＋目的語) |　「〜へ…しに行く／来る」「…しに〜へ行く／来る」

Wǒ qù Běijīng lǚxíng.
我　去　北京　旅行。　　　　　　　私は北京へ旅行に行きます。

Tā　qù　hǎibiān yóuyǒng.
他　去　海边　游泳。　　　　　　　彼は海へ泳ぎに行きます。

Wǒ lái dàxué xuéxí.
我　来　大学　学习。　　　　　　　私は大学へ勉強しに来ます。

Bàba　qù　(chāoshì) mǎi dōngxi.
爸爸　去　（超市）买　东西。　　　　父は（スーパーへ）買い物に行きます。

練習A

♪083

① 次の単語を使って文を完成させましょう。

chūfā
出发

bìyè
毕业

jiéhūn
结婚

　　　Tā
1) 他 ＿＿＿＿＿＿ ＿＿＿＿。　　　　　彼は出発しました。

　　　Nǐ
2) 你 ＿＿＿＿＿＿ ＿＿＿＿ ＿＿＿＿ ?　　あなたは卒業しましたか。

　　　Tāmen
3) 他们 ＿＿＿＿＿＿ ＿＿＿＿ ＿＿＿＿ ?　彼らは結婚しましたか。

　　　Tāmen
4) 他们 ＿＿＿＿＿＿ ＿＿＿＿＿＿。　　　彼らは結婚していません。

♪084

② 次の語句を使って対話を完成させましょう。

kàn zhǎnlǎn
看　展览

kàn diànyǐng
看　电影

　　　　　Nǐ
1) A：你 ＿＿＿＿ ＿＿＿＿＿＿ ＿＿＿＿ ?　どこへ行きましたか。

　　　　　Wǒ
　 B：我 ＿＿＿＿ ＿＿＿＿ ＿＿＿＿＿＿ ＿＿＿＿。　展覧会を観に行きました。

　　　　　Zuótiān nǐ　　　　　　　　le
2) A：昨天 你 ＿＿＿＿ ＿＿＿＿＿＿ 了 ?　昨日何をしましたか。

　　　　　Wǒ　　　　　diànyǐng
　 B：我 ＿＿＿＿ ＿＿＿＿ 电影 ＿＿＿＿。　映画を観に行きました。

♪085

練習B

1 音声を聞いて（　　）を埋めましょう。

Nǐ
1）你（　　　）（　　　　　）（　　　）？

Tā　　　　　　　　　　Rìběn
2）他（　　　）（　　　　　）日本。

Tā
3）他（　　　）（　　　　　）（　　　）。

Tā　　　　　　　　　　lǚxíng
4）她（　　　）（　　　）旅行。

♪086

2 音声を聞いて質問を書きとり、絵を見て答えましょう。

1）
質問 _____
答え _____

2）
質問 _____
答え _____

3）
質問 _____
答え _____

試試看！ 以下を参考に、立花さんとクラスメートの会話を再現してみましょう。

立花さん

1 夏休みにどこへ行ったか尋ねる

2 故宮を見学に行ったか尋ねる

3 残念だと言う

クラスメート

1 北京に行ったと答える

2 時間がなくて行かなかったと答える

3 今度一緒に行こうと誘う

出来事を尋ねる②

目標
- □ 夏休みがどうだったか尋ねられるようになろう
- □ 出来事について、くわしく表現できるようになろう

♪087

教室で、阿部さんが先生と話しています。

Shǔjià guòde zěnmeyàng?
暑假 过得 怎么样？

Guòde hěn yúkuài.
过得 很 愉快。

♪088

过 guò
過ごす

得 de
〔様態補語を導く〕

愉快 yúkuài
楽しい、愉快だ

北海道 Běihǎidào
北海道

是～的 shì～de
～なのだ、～したのだ

跟 gēn
～と

家里人 jiālirén
家の人、家族

Nǐ qù nǎr le?
你 去 哪儿 了？

Wǒ qù Běihǎidào le.
我 去 北海道 了。

Nǐ shì gēn péngyou qù de ma?
你 是 跟 朋友 去 的 吗？

Bù, shì gēn jiālirén qù de.
不，是 跟 家里人 去 的。

★ 文法のポイント

♪089

1 様態補語

動詞の後ろに"得"を置き、その動作の様子や状態を形容詞などで表す。

肯定　| 動詞 |＋"得"＋| （副詞＋）形容詞 |　「～するのが…だ」
　　　　　　　　様態補語

Tā pǎode hěn kuài.
他 跑得 很 快。　　　　　　　彼は走るのが速いです。

Wǒ yóude hěn hǎo.
我 游得 很 好。　　　　　　　私は泳ぐのが上手です。

否定　Tā pǎode bú kuài.
他 跑得 不 快。　　　　　　　彼は走るのが速くありません。

Wǒ yóude bù hǎo.
我 游得 不 好。　　　　　　　私は泳ぐのが下手です。

疑問　Tā pǎode kuài ma?
他 跑得 快 吗？　　　　　　　彼は走るのが速いですか。

Nǐ yóude zěnmeyàng?
你 游得 怎么样？　　　　　　あなたは泳ぐのはどうですか。

目的語がある場合は、次の語順になる。

Tā (zuò) Zhōngguócài zuòde hěn hǎo.
他 （做） 中国菜 做得 很 好。　　彼は中華料理を作るのが上手です。

Tā (zuò) Zhōngguócài zuòde bù hǎo.
他 （做） 中国菜 做得 不 好。　　彼は中華料理を作るのが下手です。

2 "是～的"「～なのです」

すでに発生したことについて、「いつ／だれが／どのように」など、強調する部分を"是～的"の間に置いて表現する。"是"は省略することがあるが、否定の場合は必ず"不是～的"となる。

Nǐ shì shénme shíhou lái de?
你 是 什么 时候 来 的？　　　あなたはいつ来たのですか。

Wǒ shì qùnián lái de.
—— 我 是 去年 来 的。　　　私は去年来たのです。

Nǐ shì gēn shéi lái de?
你 是 跟 谁 来 的？　　　　　あなたはだれと来たのですか。

Wǒ shì gēn péngyou lái de. Wǒ shì yí ge rén lái de.
—— 我 是 跟 朋友 来 的。 ／ 我 是 一 个 人 来 的。

私は友達と来たのです。／私は一人で来たのです。

練習A

❶ 次の単語を使って文を完成させましょう。

chàng	tiào	pǎo
唱	跳	跑

Wǒ péngyou _____ _____ hěn hǎo
1) 我　朋友 _____ _____ 很　好。　　　　私の友達は歌うのが上手です。

Wǒ _____ _____ _____ hǎo
2) 我 _____ _____ _____ 好。　　　　私は踊るのがうまくありません。

Tā
3) 他 _____ _____ _____ _____ ?　　　　彼は走るのが速いですか。

Tā
4) 他 _____ _____ _____ _____ 。　　　　彼は走るのが速いです。

❷ 次の語句を使って対話を完成させましょう。

shénme shíhou	gēn shéi
什么　时候	跟　谁

Tā   lái
1) A：他 _____ _____ _____ 来 _____ ?　　彼はいつ来たのですか。

Tā   de
　 B：他 _____ _____ _____ 的。　　　　彼は昨日来たのです。

Tā   shéi
2) A：她 _____ _____ 谁 _____ _____ ?　　彼女はだれと行ったのですか。

Tā shì   qù
　 B：她 是 _____ _____ 去 _____ 。　　彼女は妹と行ったのです。

練習 B

♪092

1 音声を聞いて（　）を埋めましょう。

Shǔjià　nǐ
1）暑假　你（　　　）（　　　）（　　　　　）？

Wǒ　　　　　　　　　　hěn
2）我（　　　）（　　　）很（　　　　）。

Tā　　　　　　　　　　bú　kuài
3）他（　　　）（　　　）不　快。

Tā　　　　　　　　　　　　　　　　qù
4）她（　　　）（　　　）（　　　　　）去（　　　）。

♪093

2 音声を聞いて質問を書きとり、絵を見て答えましょう。

1）

質問　_____

答え　_____

2）

質問　_____

答え　_____

3）

質問　_____

答え　_____

試試看! 以下を参考に、先生と阿部さんの会話を再現してみましょう。

先 生	阿部さん
❶ 夏休みがどうだったか尋ねる	❶ 楽しく過ごしたと答える
❷ どこへ行ったか尋ねる	❷ 北海道へ行ったと答える
❸ 友達と行ったのか尋ねる	❸ 家族と行ったと答える

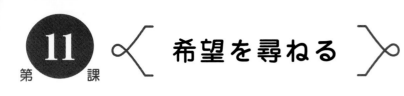

第11課 希望を尋ねる

✳目標✳　□ 相手の希望を尋ねられるようになろう
　　　　　□「どこで〜する」の表現を身につけよう

♪094

校内で、立花さんが友達と話しています。

Zhù nǐ shēngrì kuàilè! Wǒ mǎile yí ge xiǎo lǐwù.
祝 你 生日 快乐! 我 买了 一 个 小 礼物。

Xièxie. Wǒ tài gāoxìng le.
谢谢。 我 太 高兴 了。

Nǐ xiǎng chī shénme? Wǒ qǐngkè.
你 想 吃 什么? 我 请客。

Zhēn de ma? Wǒ xiǎng chī Zhōngguócài.
真 的 吗? 我 想 吃 中国菜。

Hǎo, xiàkè yǐhòu, wǒ zài chēzhàn děng nǐ.
好, 下课 以后, 我 在 车站 等 你。

Nà, xiàkè yǐhòu wǒ mǎshàng qù.
那, 下课 以后 我 马上 去。

♪095

祝 zhù
祝う

生日 shēngrì
誕生日

快乐 kuàilè
楽しい

了 le
〜した〔動作の完了を表す〕

小 xiǎo
小さい

礼物 lǐwù
プレゼント、贈り物

想 xiǎng
〜したい

请客 qǐngkè
ごちそうする、おごる

真的 zhēn de
本当に

在 zài
〜で

车站 chēzhàn
駅、バス停

那 nà
それでは

马上 mǎshàng
すぐに

★ 文法のポイント

1 助動詞 "想"「〜したい」

♪096

肯定	"想" ＋ 動詞（＋目的語）

否定	"不" ＋ "想" ＋ 動詞（＋目的語）

Tā xiǎng qù Zhōngguó.
他 想 去 中国。　　　　　　　　　　彼は中国へ行きたいです。

Nǐ xiǎng qù yóuyǒng ma?　　Wǒ bù xiǎng qù yóuyǒng.　あなたは泳ぎに行きたいですか。
你 想 去 游泳 吗?　── 我 不 想 去 游泳。　──私は泳ぎに行きたくありません。

Nǐ xiǎng chī shénme?　　Wǒ xiǎng chī Zhōngguócài.　あなたは何が食べたいですか。
你 想 吃 什么?　── 我 想 吃 中国菜。　──私は中華料理が食べたいです。

2 動作の完了を表す "了"「〜した」

目的語に数量などの修飾語がある場合、"了"を動詞の後ろに置いて動作の完了を表す。

Wǒ mǎile liǎng píng kělè.
我 买了 两 瓶 可乐。　　　　　　私はコーラを2本買いました。

Tā chīle hěn duō jiǎozi.
他 吃了 很 多 饺子。　　　　　　彼は餃子をたくさん食べました。

Nǐ mǎile jǐ běn shū?
你 买了 几 本 书?　　　　　　　あなたは本を何冊買いましたか。

3 前置詞 "在"「〜で」

肯定	"在" ＋ 場所 ＋ 動詞（＋目的語）	「〜で…する」

Tā zài kāfēitīng hē kāfēi.
他 在 咖啡厅 喝 咖啡。　　　　　　彼は喫茶店でコーヒーを飲みます。

Wǒ zài dàxué xué Hànyǔ.
我 在 大学 学 汉语。　　　　　　私は大学で中国語を習っています。

否定
Wǒ bú zài jiā chī zǎofàn.
我 不 在 家 吃 早饭。　　　　　　私は家で朝食を食べません。

疑問
Tā zài yínháng gōngzuò ma?
他 在 银行 工作 吗?　　　　　　彼は銀行で働いていますか。

Nǐ zài nǎr xué Hànyǔ?
你 在 哪儿 学 汉语?　　　　　　あなたはどこで中国語を習っていますか。

♪097

❶ 次の単語を使って文を完成させましょう。

Zhōngguócài	Rìběncài	Hánguócài
中国菜	日本菜	韩国菜

Wǒ
1) 我 ＿＿＿＿ ＿＿＿＿ ＿＿＿＿＿＿＿＿＿。　　私は中華料理が食べたいです。

Nǐ
2) 你 ＿＿＿＿ ＿＿＿＿ ＿＿＿＿＿＿ ＿＿＿＿＿＿＿？　どんな中華料理が食べたいですか。

　　　　　　　chī
3) ＿＿＿＿ ＿＿ 吃 ＿＿＿＿＿＿＿＿ ＿＿＿＿？　あなたは和食が食べたいですか。

Jīntiān wǒ
4) 今天 我 ＿＿＿＿ ＿＿＿＿ ＿＿＿＿＿＿＿＿＿。　今日は韓国料理を食べたくありません。

♪098

❷ 次の単語を使って対話を完成させましょう。

chūbǎnshè　gōngzuò	chāoshì　dǎgōng
出版社 ／ 工作	超市 ／ 打工

　　　Tā
1) A：他 ＿＿＿＿ ＿＿＿＿＿＿＿ ＿＿＿＿＿＿？　彼はどこで働いていますか。

　　　Tā
　 B：他 ＿＿＿＿ ＿＿＿＿＿＿＿ ＿＿＿＿＿＿。　彼は出版社で働いています。

　　　Nǐ
2) A：你 ＿＿＿＿ ＿＿＿＿＿＿＿ ＿＿＿＿＿＿？　あなたはどこでアルバイトをしていますか。

　　　Wǒ
　 B：我 ＿＿＿＿ ＿＿＿＿＿＿＿ ＿＿＿＿＿＿。　私はスーパーでアルバイトをしています。

練習 B

❶ 音声を聞いて （　） を埋めましょう。　　　　　　　　　　　♪099

　　　Wǒ　　　　　　　　　　　　　　　　xiǎo lǐwù
1) 我 （　　　） （　　　） （　　　） （　　　） 小 礼物。

　　　Tā　　　　　　　　　　　kàn diànyǐng
2) 他 （　　　） （　　　） 看 电影。

　　　Nǐ　　　　　　　　　jǐ
3) 你 （　　　） （　　　） 几 （　　　） （　　　）？

　　　Nǐ
4) 你 （　　　） （　　　） （　　　） （　　　）？

❷ 音声を聞いて質問を書きとり、絵を見て答えましょう。　　　　♪100

1)　

質問　_____

答え　_____

2)　

質問　_____

答え　_____

3)　

質問　_____

答え　_____

试试看! 　以下を参考に、立花さんと友達の会話を再現してみましょう。

	友 達		立花さん
❶	誕生日のお祝いのことばと、プレゼントを買ったことを伝える	❶	お礼のことばと、うれしい気持ちを伝える
❷	何が食べたいか尋ね、ごちそうすると言う	❷	中華料理が食べたいと答える
❸	授業のあと駅で待っていると伝える	❸	授業が終わったらすぐに行くと答える

行き方を尋ねる

＊目標＊
□ 目的地までどうやって行くのか尋ねられるようになろう
□ ２つの選択肢のうちどちらか、尋ねられるようになろう

♪101

会話

校内で、阿部さんが友達と話しています。

Xià xīngqīliù péngyou lái wǒ jiā, nǐ yě lái ba.
下 星期六 朋友 来 我 家，你 也 来 吧。

Hǎo a. Shì shàngwǔ háishi xiàwǔ?
好 啊。 是 上午 还是 下午？

Xiàwǔ.
下午。

Dào nǐ jiā zěnme zǒu?
到 你 家 怎么 走？

Zuò dìtiě. Wǒ qù chēzhàn jiē nǐ.
坐 地铁。 我 去 车站 接 你。

Dào chēzhàn hòu wǒ gěi nǐ dǎ diànhuà.
到 车站 后 我 给 你 打 电话。

♪102

下星期六
xià xīngqīliù
来週の土曜日

啊 a
〔語気をやわらげる〕

还是 háishi
それとも

到 dào
到着する、行く

怎么 zěnme
どのように、どう
やって

走 zǒu
歩く、行く

坐 zuò
（乗り物に）乗る、
座る

地铁 dìtiě
地下鉄

接 jiē
出迎える、迎える

后 hòu
後、〜のあと

给 gěi
〜に

打 dǎ
（電話を）かける

电话 diànhuà
電話

★ 文法のポイント

1 疑問詞 "怎么" 「どうやって」「どのように」

♪103

"怎么" ＋ 動詞

Dào xuéxiào zěnme zǒu ?
到　学校　怎么　走 ?　　　　　　　　学校までどうやって行きますか。

Zhège Hànzì zěnme niàn ?
这个　汉字　怎么　念 ?　　　　　　　この漢字はどう読みますか。

Nǐ　de　míngzi zěnme xiě ?
你　的　名字　怎么　写 ?　　　　　　あなたの名前はどう書きますか。

2 選択疑問文 「A それとも B?」

A　还是　B ?	文末に "吗" はつけない。

Nǐ　hē hóngchá háishi　hē　kāfēi ?
你　喝　红茶　还是　喝　咖啡 ?　　あなたは紅茶を飲みますか、それともコーヒーを飲みますか。

Tā　shì　nǐ　jiějie háishi　nǐ　mèimei ?
她　是　你　姐姐　还是　你　妹妹 ?　彼女はあなたのお姉さんですか、それとも妹ですか。

Nǐ shàngwǔ qù　háishi　xiàwǔ　qù ?
你　上午　去　还是　下午　去 ?　　　あなたは午前中に行きますか、それとも午後行きますか。

3 前置詞 "给" 「〜に」

肯定　| "给" ＋ 人 ＋ 動詞 ＋ 目的語 | 「〜に…する」
| --- |

Wǒ gěi　nǐ　dǎ　diànhuà.
我　给　你　打　电话。　　　　　　私はあなたに電話します。

Tā　gěi péngyou xiě　xìn.
他　给　朋友　写　信。　　　　　　彼は友達に手紙を書きます。

Wǒ　bù　gěi　nǐ　dǎ　diànhuà.
否定　我　不　给　你　打　电话。　　　　　私はあなたに電話しません。

Tā　bù　gěi　wǒ　fā　yóujiàn.
他　不　给　我　发　邮件。　　　　　彼は私にメールを送りません。

練習A

♪104

1 次の単語を使って文を完成させましょう。

xiě	yòng	shàngwǔ xiàwǔ	jiàoshì túshūguǎn
写	用	上午 ／ 下午	教室 ／ 图书馆

1) _____ _____ ? どう書くの？

2) 这个 _____ _____ ? これはどう使うの？
    Zhège

3) 他 _____ 去 _____ 下午 _____ ? 彼は午前と午後、どちらに行くの？
    Tā   qù   xiàwǔ

4) 你 去 _____ _____ _____ 图书馆？ 教室と図書館、どちらに行くの？
    Nǐ qù   túshūguǎn

♪105

2 次の語句を使って対話を完成させましょう。

xiě míngxìnpiàn	fā yīmèir
写　明信片	发　伊妹儿

1) A：他 _____ _____ _____ 明信片？ 彼はだれにハガキを書きますか。
    Tā   míngxìnpiàn

   B：他 _____ _____ 写 _____。 彼は友達にハガキを書きます。
    Tā   xiě

2) A：你 _____ _____ 发 _____ ? あなたはだれにメールを送るのですか。
    Nǐ   fā

   B：我 _____ _____ _____ 伊妹儿。 私は彼にメールを送ります。
    Wǒ   yīmèir

練習 B

♪106

❶ 音声を聞いて（　　）を埋めましょう。

         chēzhàn

1）（　　　）车站（　　　　）（　　　）？

    Tā　hē　　　　　　　　　　　hē

2）他 喝（　　　　　）（　　　　　）喝（　　　　　）？

    Tā　shì

3）他 是（　　　　　　　）（　　　　）（　　　　　　　　）？

    Wǒ　　　　　　　　　　dǎ

4）我（　　　）（　　　　）打（　　　　）。

♪107

❷ 音声を聞いて質問を書きとり、絵を見て答えましょう。

1）　　　　　　　　　　　　　質問　_____

                        答え　_____

2）　　　　　　　　　　　　　質問　_____

                        答え　_____

3）　　　　　　　　　　　　　質問　_____

                        答え　_____

试试看！ 以下を参考に、阿部さんと友達の会話を再現してみましょう。

阿部さん	友達
❶ 来週の土曜の予定を伝え、相手を誘う	❶ 了承し、午前と午後のどちらか尋ねる
❷ 午後だと答える	❷ 相手の家までの行き方を尋ねる
❸ 家までの交通手段を答え、駅まで迎えに行くと言う	❸ 駅に着いたら電話すると言う

経験を尋ねる

✳ 目標 ✳
- ☐ 中国語の学習歴を尋ねられるようになろう
- ☐ 経験について尋ねられるようになろう

♪108

食堂で、立花さんと中国人学生が話しています。

Nǐ shuōde zhēn hǎo, xuéle duōcháng shíjiān?
你 说得 真 好, 学了 多长 时间？

Xuéle bànnián.
学了 半年。

♪109

多长时间
duōcháng shíjiān
どのくらいの時間

半年 bànnián
半年

过 guo
～したことがある
〔経験を表す〕

但是 dànshì
しかし

老家 lǎojiā
実家

给 gěi
（～に…を）あげる、
くれる

Nǐ qùguo Zhōngguó ma?
你 去过 中国 吗？

Méi qùguo, dànshì hěn xiǎng qù.
没 去过, 但是 很 想 去。

Wǒ de lǎojiā zài Běijīng,
我 的 老家 在 北京,
wǒ gěi nǐ yì zhāng dìtú.
我 给 你 一 张 地图。

Tài hǎo le.
太 好 了。

★ 文法のポイント

1 時量補語

♪110

肯定 | 動詞 ＋ 時間の長さ（＋目的語） | どのくらいの時間、その動作を継続するかを表す。

Wǒ xiǎng xué sān nián.
我 想 学 三 年。 私は3年勉強したいです。

Wǒ xuéle liǎng nián.
我 学了 两 年。 私は2年勉強しました。

Wǒ kànle yí ge xiǎoshí diànshì.
我 看了 一 个 小时 电视。 私は1時間テレビを見ました。

Nǐ xiǎng xué duōcháng shíjiān?
疑問 你 想 学 多长 时间？ あなたはどのくらい勉強したいですか。

Nǐ xuéle duōcháng shíjiān?
你 学了 多长 时间？ あなたはどのくらい勉強しましたか。

Nǐ xuéle jǐ nián Hànyǔ?
你 学了 几 年 汉语？ あなたは何年中国語を勉強しましたか。

2 経験を表す"过"「～したことがある」

肯定 | 動詞 ＋ "过"（＋目的語） | 「～したことがある」

否定 | "没(有)" ＋ 動詞 ＋ "过"（＋目的語） | 「～したことがない」

Nǐ qùguo Shànghǎi ma?
你 去过 上海 吗？ あなたは上海に行ったことがありますか。

Wǒ qùguo. Wǒ méi(you) qùguo.
—— 我 去过。 ／ 我 没(有) 去过。 行ったことがあります。／行ったことがありません。

Nǐ kànguo zhè běn shū ma?
你 看过 这 本 书 吗？ あなたはこの本を読んだことがありますか。

Wǒ kànguo. Wǒ méi(you) kànguo.
—— 我 看过。 ／ 我 没(有) 看过。 読んだことがあります。／読んだことがありません。

3 二重目的語をとる動詞"给"

"给" ＋ 人 ＋ もの | 「〈人〉に〈もの〉をあげる／くれる」

Tā gěi wǒ yì zhāng diànyǐng piào.
他 给 我 一 张 电影 票。 彼は私に映画のチケットをくれます。

Tā bù gěi wǒ shēngrì lǐwù.
他 不 给 我 生日 礼物。 彼は私に誕生日プレゼントをくれません。

練習A

❶ 次の語句を使って文を完成させましょう。

zhù	chàng	shēngrì lǐwù
住	唱	生日　礼物

   Tā   le
1) 他 ＿＿＿＿ 了 ＿＿＿＿＿＿＿。   彼は半年住みました。

   Nǐmen
2) 你们 ＿＿＿＿ ＿＿＿＿ ＿＿＿＿＿ ＿＿＿＿＿？ あなたたちはどのくらい歌いましたか。

   Wǒmen   ge xiǎoshí
3) 我们 ＿＿＿＿ ＿＿＿＿ ＿＿＿＿ 个 小时。 私たちは2時間歌いました。

   Wǒ   tā
4) 我 ＿＿＿＿ 他 ＿＿＿＿＿＿＿ ＿＿＿＿＿＿。 私は彼に誕生日プレゼントをあげます。

❷ 次の語句を使って対話を完成させましょう。

chī kǎoyā	kàn Zhōngguó diànyǐng
吃　烤鸭	看　中国　电影

   Nǐ   ma
1) A：你 ＿＿＿＿ ＿＿＿＿ ＿＿＿＿＿ 吗？ 北京ダックを食べたことがありますか。

   Wǒ   kǎoyā
 B：我 ＿＿＿＿＿＿ ＿＿＿ ＿＿＿ 烤鸭。 食べたことがないんです。

   Nǐ
2) A：你 ＿＿＿＿ ＿＿＿＿ ＿＿＿＿＿ ＿＿＿＿＿ ＿＿＿＿？ 中国映画を観たことがありますか。

   Wǒ   Zhōngguó diànyǐng
 B：我 ＿＿＿＿ ＿＿＿＿ 中国　电影。 観たことがありますよ。

練習 B

1 音声を聞いて（　　）を埋めましょう。

♪113

    Nǐ   le
1）你（　　　）了（　　　　）（　　　　　）?

    Tā   ma
2）他（　　　）（　　　）（　　　　　）吗?

    Tā   Hánguó
3）他（　　　）（　　　）（　　　）韩国（　　　　）。

    Wǒ
4）我（　　　）（　　　）（　　　　）（　　　　　）。

2 音声を聞いて質問を書きとり、絵を見て答えましょう。

♪114

1）
  質問 _____

  答え _____

2）
  質問 _____

  答え _____

3）
  質問 _____

  答え _____

試試看! 以下を参考に、中国人学生と立花さんの会話を再現してみましょう。

中国人学生

1 相手の中国語をほめ、学習歴を尋ねる

2 中国へ行ったことがあるか尋ねる

3 自分の実家は北京にあると伝え、地図を
プレゼントする

立花さん

1 半年勉強したと答える

2 行ったことはないが、ぜひ行きたいと答える

3 喜ぶ気持ちを伝える

♪115

Ābù shǔjià qù Běijīng le, tā shì hé jiālirén yìqǐ qù de.
阿部 暑假 去 北京 了，他 是 和 家里人 一起 去 的。

Tā yǐqián qùguo Shànghǎi, méi qùguo Běijīng, tāmen zài Běijīng guòde hěn
他 以前 去过 上海，没 去过 北京，他们 在 北京 过得 很

yúkuài. Yīnwèi méi yǒu shíjiān, méi qù cānguān Gùgōng, tā juéde hěn yíhàn.
愉快。因为 没 有 时间，没 去 参观 故宫，他 觉得 很 遗憾。

Tā gěi péngyou Shānběn mǎile yí jiàn lǐwù. Shānběn yě xuéxí Hànyǔ,
他 给 朋友 山本 买了 一 件 礼物。山本 也 学习 汉语，

xuéle yì nián, tā yě xiǎng qù Zhōngguó lǚxíng.
学了 一 年，他 也 想 去 中国 旅行。

単語

以前 yǐqián：以前　　**因为** yīnwèi：～なので、なぜなら　　**觉得** juéde：～と思う　　**山本** Shānběn：山本〔人名〕

❶ 課文についての日本語の質問を、中国語に訳しましょう。

1) 阿部さんは夏休みにどこへ行きましたか。

　　_____

2) 彼は一人で行ったのですか。

　　_____

3) 彼は以前、北京に行ったことがありましたか。

　　_____

4) 彼は北京でどのように過ごしましたか。

　　_____

5) 山本さんはどれくらい中国語を習いましたか。

　　_____

6) 山本さんはどこへ旅行に行きたいですか。

　　_____

♪116

❷ 課文についての質問を聞き、中国語で答えましょう。

1) _____
2) _____
3) _____
4) _____
5) _____
6) _____

❸ 阿部さんになったつもりで、夏休みの出来事を話してみましょう。

試試看！  次の質問について考え、クラスの中で教え合ってみましょう。

❶ すでに発生したことを表現したいとき、どんな言い方がありますか。
❷ "是〜的" は、どんなときに使いますか。
❸ 「話すのが速くない」と言いたいとき、どんな表現を使いますか。
❹ 「半年勉強した」と言いたいとき、どんな語順で表しますか。
❺ 「〜したくない」と言いたいとき、どんな表現を使いますか。

相手の都合を尋ねる

第14課

✳ 目標 ✳　□ 相手の都合を尋ね、出かける約束ができるようになろう
　　　　　　□ できること、できないことについて言えるようになろう

 ♪117  会 話

富士山の絵の前で、阿部さんが中国からの留学生と話しています。

Wǒ xiǎng qù kàn Fùshìshān,
我 想 去 看 富士山，
nǐ néng dài wǒ qù ma?
你 能 带 我 去 吗？

Kěyǐ, nǐ shénme shíhou yǒu shíjiān?
可以， 你 什么 时候 有 时间？

Zhège xīngqīliù zěnmeyàng?
这个 星期六 怎么样？

Méi wèntí, xīngqīliù wǒ bù dǎgōng.
没 问题，星期六 我 不 打工。

Zánmen zěnme qù?
咱们 怎么 去？

Wǒ huì kāichē, zánmen kāichē qù ba.
我 会 开车，咱们 开车 去 吧。

♪118

富士山 Fùshìshān
富士山

能 néng
〜できる

带 dài
連れる

可以 kěyǐ
（返答として）いいよ

问题 wèntí
問題

咱们 zánmen
（話し手・聞き手を
含む）私たち

会 huì
（習得して）〜できる

开车 kāichē
車を運転する

★ 文法のポイント

1 助動詞 "会" 「〜できる」

♪119

肯定　| "会" ＋ 動詞 ＋ 目的語 |　ある行為を習得して「〜することができる／できない」を表す。

Wǒ huì yóuyǒng.
我 会 游泳。　　　　　　　　　私は泳げます。

Tā huì kāichē.
他 会 开车。　　　　　　　　　彼は車の運転ができます。

否定　Tā bú huì shuō Yīngyǔ.
他 不 会 说 英语。　　　　　　彼は英語が話せません。

Wǒ bú huì huáxuě.
我 不 会 滑雪。　　　　　　　私はスキーができません。

疑問　Nǐ huì yóuyǒng ma?
你 会 游泳 吗？　　　　　　　あなたは泳げますか。

Nǐ huì shuō Hànyǔ ma?
你 会 说 汉语 吗？　　　　　　あなたは中国語が話せますか。

2 助動詞 "能" 「〜できる」

肯定　| "能" ＋ 動詞 ＋ 目的語 |　ある条件のもとで「〜することができる／できない」を表す。

Míngtiān tā néng lái.
明天 他 能 来。　　　　　　　明日彼は来られます。

否定　Wǒ bù néng cānjiā.
我 不 能 参加。　　　　　　　私は参加できません。

疑問　Jīntiān nǐ néng lái ma?
今天 你 能 来 吗？　　　　　　今日あなたは来られますか。

3 連動文 (2) 方法・手段を表す

| 動詞 ＋ 目的語 | ＋ | 動詞（＋ 目的語） |
　方法・手段

Tā kāichē qù hǎibiān.
他 开车 去 海边。　　　　　　彼は車で海へ行きます。

Wǒ yòng Hànyǔ xiě yóujiàn.
我 用 汉语 写 邮件。　　　　　私は中国語でメールを書きます。

練習A

♪120

1 次の単語を使って文を完成させましょう。

| zuò fēijī | zuò chūzūchē | qí zìxíngchē |
| 坐 飞机 | 坐 出租车 | 骑 自行车 |

Tā
1) 他 _____ _____ _____ ? 　　　　彼は飛行機で行きますか。

Tā
2) 他 _____ _____ _____ 。　　　　彼は飛行機で行きます。

Tā
3) 她 _____ _____ _____ 。　　　　彼女はタクシーで行きます。

Tā   xuéxiào
4) 他 _____ _____ _____ 学校。　彼は自転車で学校に来ます。

♪121

2 次の語句を使って対話を完成させましょう。

| huábīng | shuō Hànyǔ |
| 滑冰 | 说 汉语 |

　　　Nǐ　　　　　　　　　ma
1) A：你 _____ _____ 吗？　　　　あなたはスケートができますか。

　　　Wǒ
　　B：我 _____ _____ 。　　　　　私はスケートができます。

　　　Nǐ
2) A：你 _____ _____ _____ _____ ？　あなたは中国語が話せますか。

　　　Wǒ
　　B：我 _____ _____ _____ _____ 。　私は中国語が話せません。

72

練習B

① 音声を聞いて（　　）を埋めましょう。　　　♪122

　　Wǒ
1）我（　　　）（　　　）。

　　Míngtiān nǐ　　　　　　　　ma
2）明天　你（　　　）（　　　）吗？

　　　　　　　　　　wǒ　　　　　　　qù
3）（　　　　　）我（　　　）（　　　）去。

　　Tāmen
4）他们（　　　）（　　　）（　　　）。

② 音声を聞いて質問を書きとり、絵を見て答えましょう。　♪123

1）　　質問 _____
　　　答え _____

2）　　質問 _____
　　　答え _____

3）　　質問 _____
　　　答え _____

試試看! 以下を参考に、阿部さんと留学生の会話を再現してみましょう。

留学生
1 行きたい場所があるので、連れて行ってくれないか尋ねる
2 いつがいいか提案する
3 どうやって行くか尋ねる

阿部さん
1 了承し、いつがいいか尋ねる
2 提案された日で大丈夫だと答える
3 行き方を答える

比較する

✳目標✳ □２つのものを比べて表現できるようになろう

教室で、立花さんが友達と話しています。

Zhè shì wǒ xīn mǎi de shǒujī.
这 是 我 新 买 的 手机。

Nǐ de shǒujī bǐ wǒ de piàoliang! Guì bu guì?
你 的 手机 比 我 的 漂亮！贵 不 贵？

Bú tài guì, bǐ nǐ de piányi.
不 太 贵，比 你 的 便宜。

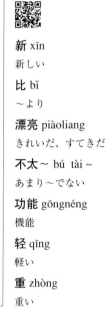

新 xīn
新しい

比 bǐ
〜より

漂亮 piàoliang
きれいだ、すてきだ

不太〜 bú tài 〜
あまり〜でない

功能 gōngnéng
機能

轻 qīng
軽い

重 zhòng
重い

Gōngnéng duō bu duō?
功能 多 不 多？

Gōngnéng bú tài duō.
功能 不 太 多。

Dànshì bǐ wǒ de qīng, wǒ de hěn zhòng.
但是 比 我 的 轻，我 的 很 重。

★ 文法のポイント

♪126

1 比較を表す "比"

| A ＋ "比" ＋ B ＋ 形容詞 | 「A は B より〜だ」

Tā bǐ wǒ gāo.
他 比 我 高。　　　　　　　　彼は私より背が高いです。

Yīngyǔ bǐ Hànyǔ nán.
英语 比 汉语 难。　　　　　　　英語は中国語より難しいです。

Tā de bǐ wǒ de hǎo.
他 的 比 我 的 好。　　　　　　彼のは私のよりいいです。

2 反復疑問文

形容詞や動詞、助動詞の［肯定形＋否定形］で疑問文を作ることができる。このとき "吗" は使わない。また、"不" は軽声で読む。

Nǐ máng bu máng?
你 忙 不 忙?　　　　　　　　　あなたは忙しいですか。

Nǐ de shǒujī guì bu guì?
你 的 手机 贵 不 贵?　　　　　あなたの携帯電話は高いですか。

Nǐ qù bu qù dàxué?
你 去 不 去 大学?　　　　　　　あなたは大学に行きますか。

Nǐ néng bu néng lái?
你 能 不 能 来?　　　　　　　　あなたは来られますか。

3 名詞を修飾する "的"

| 動詞フレーズ ＋ "的" | ＋ | 名詞 |

Zhè shì wǒ mǎi de shū.
这 是 我 买 的 书。　　　　　　これは私が買った本です。

Zuótiān kàn de diànyǐng hěn yǒu yìsi.
昨天 看 的 电影 很 有 意思。　　昨日観た映画はおもしろかったです。

話者同士、何を指しているかが明確な場合は "的" の後ろの名詞を省略できる。

Zhè shì wǒ mǎi de.
这 是 我 买 的。　　　　　　　　これは私が買ったものです。

Nà shì shéi xiě de?
那 是 谁 写 的?　　　　　　　　あれはだれが書いたものですか。

練習 A

① 次の単語を使って文を完成させましょう。

jiǎozi hǎochī	chá hǎohē	zì piàoliang
饺子 ／ 好吃	茶 ／ 好喝	字 ／ 漂亮

Zhège jiǎozi　　　　　　　　bu
1) 这个 饺子 ＿＿＿＿＿ 不 ＿＿＿＿＿？　　　　　　　この餃子はおいしいですか。

Zhège chá　　　　　　　　　hǎohē
2) 这个 茶 ＿＿＿＿＿ ＿＿＿ 好喝？　　　　　　　このお茶はおいしいですか。

Tā zuò　　　　　　　　　　　ma
3) 她 做 ＿＿＿ ＿＿＿＿＿ 吗？　　　　　彼女の作った餃子はおいしいですか。

Tā　　　　　　　　　　　　　ma
4) 他 ＿＿＿ ＿＿＿ ＿＿＿ 吗？　　　　　彼の書く字はきれいですか。

② 次の単語を使って対になる文を完成させましょう。

gāo ǎi	pàng shòu
高 ／ 矮	胖 ／ 瘦

Tā
1) 他 ＿＿＿ ＿＿＿ ＿＿＿。　　　　　　　彼は私より背が高いです。

Wǒ
我 ＿＿＿ ＿＿＿ ＿＿＿。　　　　　　　私は彼より背が低いです。

Gēge
2) 哥哥 ＿＿＿ ＿＿＿ ＿＿＿。　　　　　　兄は私より太っています。

Wǒ
我 ＿＿＿ ＿＿＿ ＿＿＿。　　　　　　　私は兄より瘦せています。

練習 B

♪129

❶ 音声を聞いて（　　）を埋めましょう。

Zhè shì wǒ
1）这 是 我（　　）（　　）（　　）。

Nǐ bàba
2）你 爸爸（　　）（　　）（　　）?

Xīngqītiān tā　　　　　　　　　　　　qù
3）星期天 他（　　）（　　）（　　）去?

Nǐ de　　　　　　　　　wǒ de
4）你 的（　　）（　　）我 的（　　）。

❷ 音声を聞いて質問を書きとり、絵を見て答えましょう。

♪130

1）

質問　_____

答え　_____

2）

質問　_____

答え　_____

3）

質問　_____

答え　_____

試試看! 以下を参考に、立花さんと友達の会話を再現してみましょう。

立花さん

❶ 新しく買った携帯電話を相手に見せる

❷ 値段について答え、相手のと比較する

❸ 機能について答える

友 達

❶ 自分のと比べて感想を言い、高価なのか尋ねる

❷ 機能が多いか尋ねる

❸ 重さについて比較する

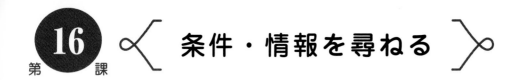

条件・情報を尋ねる

✳目標✳　□ 自分の希望に合うかどうか、条件や情報を尋ねられるようになろう

♪131

不動産屋で、中国人留学生が部屋を探しています。

Nǐ xiǎng zū fáng ma?
你 想 租 房 吗？

Zhège lí chēzhàn jìn ma?
这个 离 车站 近 吗？

♪132

租 zū
（お金を払って）借りる

房 fáng
家、部屋

离 lí
〜から、〜まで

近 jìn
近い

Hěn jìn, yí ge yuè qī wàn.
很 近，一 个 月 七 万。

Yǒudiǎnr guì. Zhège zěnmeyàng?
有点儿 贵。 这个 怎么样？

月 yuè
月〔暦〕

万 wàn
万

有点儿 yǒudiǎnr
少し、ちょっと

没有 méiyou
〜ほど…でない

别的 biéde
ほかの（もの、こと）

Zhège méiyou nàge jìn.
这个 没有 那个 近。

Nà, nǐ zài gěi wǒ kànkan biéde.
那，你 再 给 我 看看 别的。

★ 文法のポイント

♪133

1 前置詞 "离"「～から／～まで」

| A ＋ "离" B（＋副詞）＋ 形容詞 | AとBの空間的距離の遠近を表す。

Nǐ jiā lí chēzhàn jìn ma?
你 家 离 车站 近 吗？　　　あなたの家は駅まで近いですか。

Wǒ jiā lí chēzhàn hěn jìn.
—— 我 家 离 车站 很 近。　　私の家は駅まで近いです。

Zhèr lí chāoshì yuǎn bu yuǎn?
这儿 离 超市 远 不 远？　　　ここからスーパーまで遠いですか。

Zhèr lí chāoshì bú tài yuǎn.
—— 这儿 离 超市 不 太 远。　ここからスーパーまでそれほど遠くありません。

2 "有点儿"「ちょっと」

後ろに形容詞を置き、話し手がマイナスに感じていることを表す。

Zhè jiàn shàngyī yǒudiǎnr guì.
这 件 上衣 有点儿 贵。　　　この上着はちょっと高いです。

Jīntiān tiānqì yǒudiǎnr lěng.
今天 天气 有点儿 冷。　　　今日は少し寒いです。

Wǒ yǒudiǎnr bù shūfu.
我 有点儿 不 舒服。　　　私はちょっと気分が悪いです。

3 比較を表す "没有"

| A ＋ "没有" ＋ B ＋ 形容詞 | 「AはBほど～でない」

Tā méiyou wǒ gāo.
他 没有 我 高。　　　彼は私ほど背が高くありません。

Zhège méiyou nàge guì.
这个 没有 那个 贵。　　　これはあれほど値段が高くありません。

4 動詞の重ね型

動詞を重ねることで、動作の行われる時間が短いこと、動作を気軽に行うこと、また試しにやってみることなどを表す。後ろの動詞は軽声で読む。

Wǒ shìshi.
我 试试。　　　私は試してみます。

Nǐ chángchang.
你 尝尝。　　　食べてみてください。

Nǐ tīngting.
你 听听。　　　聞いてみてください。

79

練習A

♪134

1 次の単語を使って文を完成させましょう。

yīyuàn	chāoshì	biànlìdiàn
医院	超市	便利店

Zhèr　　　　　　　　　　ma
1) 这儿 ＿＿＿ ＿＿＿＿＿ ＿＿＿ 吗？　　　　　ここから病院まで近いですか。

Nǐ jiā　　　　　　　　　　bu
2) 你 家 ＿＿＿ ＿＿＿＿＿ ＿＿＿ 不 ＿＿＿？　　あなたの家はスーパーから近いですか。

Wǒ jiā　　　　　　　hěn
3) 我 家 ＿＿＿ ＿＿＿＿＿ 很 ＿＿＿。　　　　私の家はスーパーから遠いです。

Wǒ jiā
4) 我 家 ＿＿＿ ＿＿＿＿＿ ＿＿＿ ＿＿＿。　　私の家からコンビニまでは近いです。

♪135

2 次の単語を使って対話を完成させましょう。

rè	dà
热	大

Jīntiān　　　　　　　　　　ma
1) A：今天 ＿＿＿ ＿＿＿＿＿ ＿＿＿ 吗？　　　今日は昨日より暑いですか。

Jīntiān
B：今天 ＿＿＿＿＿ ＿＿＿＿＿ ＿＿＿。　　　今日は昨日ほど暑くないです。

Tā　　　　　　　　　ma
2) A：他 ＿＿＿ ＿＿＿＿＿ 吗？　　　　　　　彼はあなたより年上ですか。

Tā
B：他 ＿＿＿＿＿＿＿ ＿＿＿ ＿＿＿。　　　　彼は私より年下です。

練習B

1 音声を聞いて（　）を埋めましょう。 ♪136

Wǒ jiā　　　　hěn
1）我 家（　　）（　　）很（　　）。

Tiānqì
2）天気（　　　　）（　　）。

Wǒ de Hànyǔ　　　tā
3）我 的 汉语（　　）他（　　）。

Wǒ　　　biéde
4）我（　　）别的。

2 音声を聞いて質問を書きとり、絵を見て答えましょう。 ♪137

1）
質問 _____
答え _____

2）
質問 _____
答え _____

3）
質問 _____
答え _____

試試看！ 以下を参考に、不動産屋の従業員と中国人留学生の会話を再現してみましょう。

従業員
1 来店した相手の要望を尋ねる
2 その物件の情報を伝える
3 その物件の情報を伝える

留学生
1 目にした物件について、駅から近いか尋ねる
2 感想を言い、ほかの物件について尋ねる
3 さらにほかのを見せてくれるよう頼む

進行状況を尋ねる

✳目標✳
- □ 進行中の出来事について、状況を尋ねられるようになろう
- □ 動作の結果をくわしく言えるようになろう

♪138

立花さんが、友達と電話で話しています。

♪139

在 zài
〜している

报告 bàogào
レポート、報告書

呢 ne
〜しているんですよ
〔進行を表す〕

还 hái
まだ

写完 xiěwán
書き終わる

差 chà
足りない、劣っている

早就 zǎojiù
とっくに、ずっと前
に

羡慕 xiànmù
うらやむ、うらやま
しい

★ 文法のポイント

1　動作の進行を表す副詞 "在"

♪140

肯定　　"在" ＋ 動詞（＋目的語）　「～している（ところだ）」

否定　　"没（有）" ＋ 動詞（＋目的語）　「～していない」

Tā　zài　zuò shénme?
他　**在**　做　什么？　　　　　　　　　　彼は何をしているところですか。

　　Tā　zài　kàn　shū.
―― 他　**在**　看　书。　　　　　　　　　彼は本を読んでいます。

Nǐ　zài　xuéxí　ma?
你　**在**　学习　吗？　　　　　　　　　　あなたは勉強中ですか。

　　Wǒ méi(you)　xuéxí.　　Méiyou, wǒ　zài　tīng yīnyuè　ne.
―― 我　**没（有）**学习。／**没有，我　在　听　音乐　呢。**

私は勉強していません。／いいえ、私は音楽を聴いているんですよ。

※ 文末に "呢" をつけると、その動作をしていることを強調するニュアンスになる。

2　結果補語

動詞の後ろに形容詞や動詞を置いて、その動作の結果がどうなったのかを表す。

肯定　　動詞 ＋ 結果補語

否定　　"没（有）" ＋ 動詞 ＋ 結果補語

Nǐ　xiěwán bàogào　le　ma?
你　**写完**　报告　了　吗？　　　　　　　あなたはレポートを書き終えましたか。

　　Wǒ　xiěwán bàogào　le.
―― 我　**写完**　报告　了。　　　　　　　私はレポートを書き終えました。

Nǐ　kànwán　nà　běn　shū　le　ma?
你　**看完**　那　本　书　了　吗？　　　　あなたはあの本を読み終えましたか。

　　Wǒ kànwán　le.　　Méiyou, wǒ　méi(you)　kànwán.
―― 我　**看完**　了。／ 没有，我　**没（有）看完。**

読み終わりました。／いいえ、読み終わっていません。

Wǒ　xiěcuòle diànhuà hàomǎ.
我　**写错了**　电话　号码。　　　　　　　私は電話番号を書き間違えました。

Qǐng jìzhù　zhè shǒu shī.
请　**记住**　这　首　诗。　　　　　　　　この詩を暗誦してください。

Wǒ xiǎng　xuéhǎo Hànyǔ.
我　想　**学好**　汉语。　　　　　　　　　私は中国語をマスターしたいです。

練習A

♪141

1 次の単語を使って文を完成させましょう。

chīwán
吃完

jìzhù
记住

xǐwán
洗完

Nǐ   ma
1）你 ＿＿＿＿＿＿＿ ＿＿＿＿＿ 吗？ 　　　　　　食べ終わりましたか。

Nǐ   ma
2）你 ＿＿＿＿＿＿＿ ＿＿＿＿＿ 吗？ 　　　　　　覚えましたか。

Wǒ
3）我 ＿＿＿＿＿ ＿＿＿＿＿＿＿ ＿＿＿＿＿。 　　まだ覚えていません。

Wǒ
4）我 ＿＿＿＿＿＿＿＿＿＿ ＿＿＿＿＿＿＿ ＿＿＿＿＿。 　とっくに洗い終わりました。

♪142

2 次の語句を使って対話を完成させましょう。

wánr　yóuxì
玩儿　游戏

zhǔnbèi　kǎoshì
准备　考试

Tāmen   kàn diànshì
1）A：他们 ＿＿＿＿＿ 看 电视 ＿＿＿＿＿？ 　　彼らはテレビを見ているんですか。

                tāmen
　　B：＿＿＿＿＿＿，他们 ＿＿＿＿＿ ＿＿＿＿＿＿＿ ＿＿＿＿＿＿＿。 　いいえ、ゲームをしています。

Nǐ
2）A：你 ＿＿＿＿＿ ＿＿＿＿＿ ＿＿＿＿＿＿＿？ 　　あなたは何をしているんですか。

Wǒ   ne
　　B：我 ＿＿＿＿＿ ＿＿＿＿＿＿＿ ＿＿＿＿＿＿＿ 呢。 　試験の準備をしているんですよ。

練習 B

1 音声を聞いて（　）を埋めましょう。 ♪143

Nǐmen
1）你们（　　）（　　）（　　　）？

Tā　　　　　　　　　wǒ de míngzi
2）他（　　）（　　）我 的 名字。

Wǒ hái
3）我 还（　　）（　　　）。

Nǐ
4）你（　　）（　　）（　　　）？

2 音声を聞いて質問を書きとり、絵を見て答えましょう。 ♪144

1）　　質問 ＿＿＿＿＿＿＿＿＿＿＿＿＿＿＿＿＿

　　答え ＿＿＿＿＿＿＿＿＿＿＿＿＿＿＿＿＿

2）　　質問 ＿＿＿＿＿＿＿＿＿＿＿＿＿＿＿＿＿

　　答え ＿＿＿＿＿＿＿＿＿＿＿＿＿＿＿＿＿

3）　　質問 ＿＿＿＿＿＿＿＿＿＿＿＿＿＿＿＿＿

　　答え ＿＿＿＿＿＿＿＿＿＿＿＿＿＿＿＿＿

試試看！ 以下を参考に、立花さんと友達の会話を再現してみましょう。

立花さん
1 何をしているのか尋ねる
2 まだ終わっていないのか尋ねる
3 すでに終わったと答える

友達
1 していることを答える
2 状況を答え、相手はどうか尋ねる
3 うらやましい気持ちを伝える

別れを告げる

✳目標✳
- □ 相手を見送り、別れを告げる表現を身につけよう
- □ しなければならないことについて言えるようになろう

♪145

😊 会話 😊

阿部さんは、中国へ帰る友達を見送りに空港へ来ました。

Xièxie nǐ tèyì lái sòng wǒ.
谢谢 你 特意 来 送 我。

Nǎli nǎli,
哪里 哪里,

Liú Lì yào cānjiā kǎoshì, bù néng lái le.
刘 丽 要 参加 考试, 不 能 来 了。

Nǐ yě hěn máng, zhēn bùhǎoyìsi.
你 也 很 忙, 真 不好意思。

Yǐhòu cháng liánxì.
以后 常 联系。

Yǒu shíjiān lái Běijīng wánr.
有 时间 来 北京 玩儿。

Wǒ yídìng qù. Zhù nǐ yílù shùnfēng!
我 一定 去。 祝 你 一路 顺风!

♪146

特意 tèyì
わざわざ

送 sòng
（人を）見送る、送る

哪里哪里 nǎli nǎli
いえいえ、どういた
しまして

要 yào
〜しなければならな
い

了 le
〔変化を表す〕

不好意思
bùhǎoyìsi
申し訳ない、気がひ
ける

常 cháng
よく、いつも

联系 liánxì
連絡する

一定 yídìng
きっと、必ず

一路顺风
yílù shùnfēng
道中ご無事で

★ 文法のポイント

1 助動詞 "要"「〜しなければならない」

肯定　| "要" ＋ 動詞（＋目的語） |　「〜しなければならない／〜する必要がある」

Tā　yào　qù　shàngkè.
她　要　去　上课。　　　　　　　彼女は授業に行かなければなりません。

Wǒ　yào　xiě　zuòyè.
我　要　写　作业。　　　　　　　私は宿題をやらなければなりません。

Wǒ　yào　kànwán　nà　běn　shū.
我　要　看完　那　本　书。　　　私はあの本を読み終えなければなりません。

否定　| "不用" ＋ 動詞（＋目的語） |　「〜しなくてもいい／〜する必要がない」

Jīntiān　wǒ　búyòng　xiě　zuòyè.
今天　我　**不用**　写　作业。　　今日は宿題をやらなくてもいいです。

Míngtiān　wǒ　búyòng　qù　xuéxiào.
明天　我　**不用**　去　学校。　　明日は学校に行く必要がありません。

2 変化を表す "了"

| "不" ＋ 動詞（＋目的語） ＋ "了" |　「〜しないことにした／〜するのをやめた」

Wǒ　míngtiān　yǒu　kǎoshì,　bù　néng　qù　nǐ　jiā　le.
我　明天　有　考试，**不** 能 去 你 家 **了**。

　　　　　　　　　　　　　　明日は試験があるので、君の家に行けなくなりました。

Zhège　tài　guì　le,　wǒ　bù　mǎi　le.
这个　太　贵　了，我　**不** 买 **了**。　これは高すぎるので、私は買うのをやめます。

練習A

❶ 次の語句を使って文を完成させましょう。

shàngkè	huí jiā	xiě zuòyè	jiāo zuòyè
上课	回 家	写 作业	交 作业

　　　　Tā
1）他 ＿＿＿＿ ＿＿＿＿＿。　　　　　　　　彼は授業に行かなければなりません。

　　　　Wǒ
2）我 ＿＿＿＿ ＿＿＿＿ ＿＿＿＿。　　　　　私は帰宅しなければなりません。

　　　　Tā　　　　　　　　zuòyè
3）他 ＿＿＿＿＿＿ ＿＿＿ 作业。　　　　　彼は宿題をやる必要がありません。

　　　　Wǒ
4）我 ＿＿＿＿ ＿＿＿＿ ＿＿＿＿＿。　　　私は宿題を提出しなくてはなりません。

❷ 次の単語を使って対話を完成させましょう。

hē	qù
喝	去

　　　　Nǐ hēde tài duō le.
1）A：你 喝得 太 多 了。　　　　　　　　飲みすぎですよ。

　　　　Wǒ
　　B：我 ＿＿＿＿ ＿＿＿＿ ＿＿＿＿。　　もう飲みません。

　　　　Tā jīntiān qù ma？
2）A：她 今天 去 吗？　　　　　　　　　　彼女は今日行きますか。

　　　　Tā　　　　néng
　　B：她 ＿＿＿＿ 能 ＿＿＿＿ ＿＿＿＿。　彼女は行けなくなってしまいました。

◀ **練習 B**

♪150

1 音声を聞いて（　　）を埋めましょう。

　　　Tā　　　　　　　　　　　　kǎoshì
1）他（　　　）（　　　　　）考试。

　　　Xīngqīliù　wǒ
2）星期六　我（　　　）（　　　　　）。

　　　Tā　　　　　　néng
3）他（　　　）能（　　　）（　　　　）（　　　）。

　　　Wǒ
4）我（　　　）（　　　）（　　　　）。

♪151

2 音声を聞いて質問を書きとり、絵を見て答えましょう。

1)

質問　_____

答え　_____

2)

質問　_____

答え　_____

3)

質問　_____

答え　_____

試試看！ 以下を参考に、阿部さんと友達の会話を再現してみましょう。

友　達	阿部さん
❶ 見送りに来てくれた相手に感謝する	❶ いいやと答え、友人が来られなくなったことを伝える
❷ 忙しい中来てくれた相手をねぎらう	❷ 今後も連絡を取り合おうと言う
❸ 北京に遊びに来てくれるよう誘う	❸ 必ず行くと答え、帰国する相手に別れを告げる

♪152

Liú Lì xiǎng qù kànkan Fùshìshān, Ābù xiǎng kāichē dài Liú Lì qù.
刘 丽 想 去 看看 富士山， 阿部 想 开车 带 刘 丽 去。

Yīnwèi tā huì kāichē, kāichē qù bǐ zuò diànchē qù fāngbiàn, érqiě zuò
因为 他 会 开车， 开车 去 比 坐 电车 去 方便， 而且 坐

diànchē qù méiyou kāichē qù piányi. Liú Lì de jiā lí tā jiā bǐjiào
电车 去 没有 开车 去 便宜。 刘 丽 的 家 离 他 家 比较

jìn, Ābù kāichē qù jiē tā. Ābù qù tā jiā de shíhou, Liú Lì
近， 阿部 开车 去 接 她。 阿部 去 她 家 的 时候， 刘 丽

zài xiě liúyán, tā yào gàosu tóngwū bù néng huílai chī wǎnfàn le.
在 写 留言， 她 要 告诉 同屋 不 能 回来 吃 晚饭 了。

Xiěwán liúyán, tāmen yìqǐ chūfā le.
写完 留言， 他们 一起 出发 了。

方便？　便宜？

単語

电车 diànchē：電車　　**方便** fāngbiàn：便利である　　**而且** érqiě：そのうえ　　**比较** bǐjiào：比較的、わりに
～的时候 de shíhou：～のとき　　**留言** liúyán：書き置き、伝言　　**告诉** gàosu：（～に…を）伝える
同屋 tóngwū：ルームメート　　**回来** huílai：帰ってくる　　**晚饭** wǎnfàn：夕飯

❶ 課文についての日本語の質問を、中国語に訳しましょう。

1) 阿部さんはどうやって富士山へ行きたいと思っていますか。

_____

2) 阿部さんは車の運転ができますか。

_____

3) 車で行くのは電車で行くより便利ですか。

_____

4) 劉麗さんの家は、阿部さんの家から遠いですか。

_____

5) 阿部さんが劉麗さんの家に行ったとき、彼女は何をしていましたか。

_____

6) 劉麗さんは帰ってきて夕飯を食べることができますか。

_____

❷ 課文についての質問を聞き、中国語で答えましょう。

♪153

1) _____
2) _____
3) _____
4) _____
5) _____
6) _____

❸ 阿部さんになったつもりで、富士山に行く前の出来事を話してみましょう。

試試看! 次の質問について考え、クラスの中で教え合ってみましょう。

❶ "会" はどんなときに使いますか。
❷ "比" の否定にはどんな表現を使いますか。
❸ 2つの場所の距離について「遠い／近い」を表すには、どんな表現を使いますか。
❹ 結果補語の否定はどうやって表しますか。
❺ 動詞の重ね型はどんなニュアンスを表しますか。

単語リスト

＊ 1～18 は初出の課を示す。0 は発音、復は復習のページに登場したことを表す。

名 名詞	固 固有名詞	代 代名詞	疑 疑問詞	動 動詞	助動 助動詞	前 前置詞
形 形容詞	副 副詞	接 接続詞	助 助詞	感 感嘆詞	数 数詞	量 量詞

A

ā	啊	感	〔軽い驚きを表す〕	0
Ābù	阿部	固	阿部〔人名〕	2
a	啊	助	〔語気をやわらげる〕	12
ǎi	矮	形	(身長が) 低い	15
ài	爱	動	愛する	0
àihào	爱好	名	趣味	2
Ānnà	安娜	固	アンナ〔人名〕	2
ào	澳	名	〔マカオの略称〕	0

B

bā	八	数	八	0/5
bà	爸	名	お父さん	0
bàba	爸爸	名	父、お父さん	0/2
ba	吧	助	①～しよう〔勧誘を表す〕	5
			②～してください〔要求・命令などを表す〕	8
bǎi	百	数	百	0/8
bān	班	名	クラス、組	0
bàn	半	数	30分、半分	5
bànnián	半年	名	半年	13
bāng	帮	動	手伝う、助ける	0
bāozi	包子	名	中華まんじゅう	7
bàogào	报告	名	レポート、報告書	17
bēi	杯	量	～杯	8
Běihǎidào	北海道	固	北海道	10
Běijīng	北京	固	北京	9
běn	本	量	～冊	8
bǐ	比	前	～より	15
bǐjiào	比较	副	比較的、わりに	復4
bǐ	笔	名	筆記具	7
bìyè	毕业	動	卒業する	9
biànlìdiàn	便利店	名	コンビニエンスストア	5
biéde	别的	名	ほかの (もの、こと)	16
bīngqílín	冰淇淋	名	アイスクリーム	4
bù	不	副	～ない〔否定を表す〕	0/1
bùhǎoyìsi	不好意思		申し訳ない、気がひける	18
bú kèqi	不客气		どういたしまして	0
bú tài~	不太~		あまり～でない	15
bú xiè	不谢		どういたしまして	0
búyòng	不用	副	～する必要がない	18
bùdīng	布丁	名	プリン、プディング	3

C

cài	菜	名	料理、おかず	0/8
cānguān	参观	動	見学する	9
cānjiā	参加	動	参加する	14
cānkǎoshū	参考书	名	参考書	7
cāntīng	餐厅	名	レストラン	6
chá	茶	名	お茶	0/15
chà	差	動	足りない、欠ける、劣っている	5/17
cháng	尝	動	味をみる、食べてみる	16
cháng	常	副	よく、いつも	18
chàng	唱	動	歌う	2
chāoshì	超市	名	スーパーマーケット	9
chǎofàn	炒饭	名	チャーハン	0
chē	车	名	車	2
chēzhàn	车站	名	駅、バス停	11
chén	沉	形	重い	0
chènshān	衬衫	名	ワイシャツ、ブラウス	8
chī	吃	動	食べる	3
chīwán	吃完	動	食べ終わる	17
chūbǎnshè	出版社	名	出版社	11
chūfā	出发	動	出発する	9
chūzūchē	出租车	名	タクシー	14
cídiǎn	词典	名	辞書	7

D

dǎ	打	動	① (手を使う球技を) する	9
			② (電話を) かける	12
dǎgōng	打工	動	アルバイトをする	4
dà	大	形	(年齢が) 大きい	16
dàxué	大学	名	大学	0/5
dàxuéshēng	大学生	名	大学生	1
dàifu	大夫	名	医者	1
dài	带	動	連れる	0/14
dàngāo	蛋糕	名	ケーキ	3
dànshì	但是	接	しかし	13
dào	到	動	到着する、行く	12
de	的	助	～の	2
de shíhou	~的时候		～のとき	復4
de	得	助	〔様態補語を導く〕	10
děng	等	動	待つ	7

dì	第	第	0
dìdi	弟弟	名 弟	2
dìtiě	地铁	名 地下鉄	12
dìtú	地图	名 地図	8
diǎn	点	量 ～時〔時間の単位〕	5
diànchē	电车	名 電車	復4
diànhuà	电话	名 電話	12
diànshì	电视	名 テレビ	3
diànyǐng	电影	名 映画	9
dōngxi	东西	名 もの、品物	9
dòngwùyuán	动物园	名 動物園	5
duì	对	形 その通りだ、正しい	0
duìbuqǐ	对不起	ごめんなさい	0
duō	多	形 多い	4
duōcháng shíjiān	多长时间	疑 どのくらいの時間	13
duōshao qián	多少钱	疑 いくら〔値段〕	8

E

è	饿	形 お腹が空いている	0
ér	儿	名 息子	0
érqiě	而且	接 そのうえ	復4
èr	二	数 二	0/5

F

fā	发	動 出す、発送する	12
fānyì	翻译	名 通訳、翻訳者	1
fàn	饭	名 ごはん、食事	復2
fàncài	饭菜	名 ごはんとおかず	復2
fāngbiàn	方便	形 便利である	復4
fáng	房	名 家、部屋	16
fēi	飞	動 飛ぶ	0
fēijī	飞机	名 飛行機	14
fēn	分	量 ①～分〔時間の単位〕	5
		②～分〔貨幣単位、1元の100分の1〕	8
fèn	份	量 ～人前	復2
Fúsāng	扶桑	固 扶桑	5
fúwùyuán	服务员	名 （ホテルやレストランの）従業員	7
Fùshìshān	富士山	固 富士山	14

G

gālífàn	咖喱饭	名 カレーライス	復2
Gāng	刚	固 剛〔人名〕	2
gāo	高	形 高い、背が高い	15
gāoxìng	高兴	形 うれしい	1
gàosu	告诉	動 （～に…を）伝える	復4
gēge	哥哥	名 兄、お兄さん	2

gē	歌	名 歌	2
ge	个	量 ～個、～人	7
gěi	给	① 前 ～に	12
		② 動 （～に…を）あげる、くれる	0/13
gēn	跟	前 ～と	10
gōngnéng	功能	名 機能	15
gōngsī	公司	名 会社	2
gōngyuán	公园	名 公園	0
gōngzuò	工作	動 仕事する、働く	11
Gùgōng	故宫	固 故宮	9
guì	贵	形 （値段が）高い	8
guì xìng	贵姓	お名前は？	0
guò	过	動 過ごす	10
guo	过	助 ～したことがある〔経験を表す〕	13

H

hái	还	副 まだ	17
háishi	还是	接 それとも	12
hǎi	海	名 海	0
hǎibiān	海边	名 海、海辺	9
hǎi'ōu	海鸥	名 カモメ	0
Hánguó	韩国	固 韓国	13
Hánguócài	韩国菜	名 韓国料理	11
Hánguórén	韩国人	名 韓国人	1
hànbǎobāo	汉堡包	名 ハンバーガー	3
Hànyǔ	汉语	名 中国語	0/3
Hànzì	汉字	名 漢字	12
hǎo	好	形 よい、元気である	0/1
hǎochī	好吃	形 （食べ物が）おいしい	4
hǎohē	好喝	形 （飲み物が）おいしい	4
hǎokàn	好看	形 （視覚的に）美しい、きれい	4
hǎotīng	好听	形 （音楽、声、音などが聴覚的に）美しい	4
hào	号	名 日〔暦〕	0
hàomǎ	号码	名 番号	17
hē	喝	動 飲む	0/3
hé	和	助 ～と	5
		接 ～と…	7
hěn	很	副 とても	1
hóng	红	形 赤い	0
hóngchá	红茶	名 紅茶	3
hóngshāo qiézi	红烧茄子	名 ナスの醤油煮	7
hòu	后	名 後、～のあと	12
hòutiān	后天	名 あさって	4
hùzhào	护照	名 パスポート	6

huār	花儿	名 花		0
huábīng	滑冰	動 スケートをする		14
huáxuě	滑雪	動 スキーをする		14
huáng	黄	形 黄色い		0
huí	回	動 帰る、戻る		18
huílai	回来	動 帰ってくる		復4
huì	会	助動 (習得して)～できる		14
Huìměi	惠美	固 恵美〔人名〕		0

J

jīchǎng	机场	名 空港		0
jǐ	几	疑 いくつ		5
jìzhù	记住	動 覚える		17
jiā	家	名 家		11
jiālirén	家里人	名 家の人、家族		10
jiàn	件	量 ～件、～着、～枚〔事柄や上着などを数える〕		8
jiāo	交	動 提出する、渡す		0/18
jiǎo	角	量 ～角〔貨幣単位、1元の10分の1〕		8
jiǎozi	饺子	名 餃子		11
jiào	叫	動 (名前を)～という		0/2
jiàoshì	教室	名 教室		12
jiē	接	動 出迎える、迎える		12
jiéhūn	结婚	動 結婚する		9
jiějie	姐姐	名 姉、お姉さん		0/2
jīntiān	今天	名 今日		4
jìn	近	形 近い		16
jiǔ	九	数 九		0/5
juéde	觉得	動 ～と思う		復3
jūn	军	名 軍		0

K

kāfēi	咖啡	名 コーヒー		0/3
kāfēitīng	咖啡厅	名 カフェ、喫茶店		6
kǎ	卡	名 カード		0
kāichē	开车	動 車を運転する		14
kāishǐ	开始	動 始まる		6
kàn	看	動 見る、読む		2
kànwán	看完	動 読み終わる		17
kǎoshì	考试	名 試験		17
kǎoyā	烤鸭	名 北京ダック		13
kělè	可乐	名 コーラ		3
kěyǐ	可以	(返答として)いいよ		14
kè	刻	量 15分〔1時間の4分の1を表す〕		5
kè	课	名 授業		0
kèběn	课本	名 教科書		6

kuài	块	量 ～元〔貨幣単位、「元」の通称〕		8
kuài	快	形 (速度が)速い		10
kuàilè	快乐	形 楽しい		11
kuàizi	筷子	名 箸		8
kuàngquánshuǐ	矿泉水	名 ミネラルウォーター		3
kùn	困	形 眠い		0

L

lái	来	動 来る		0/9
lǎojiā	老家	名 実家		13
lǎoshī	老师	名 先生、教師		0/1
lǎolao	姥姥	名 (母方の)祖母		2
lǎoye	姥爷	名 (母方の)祖父		2
le	了	助 ①〔動作の発生、変化を表す〕		9/18
		②〔動作の完了を表す〕		11
lěng	冷	形 寒い		4
lí	离	前 ～から、～まで		16
lǐwù	礼物	名 プレゼント、贈り物		11
Lìhuā	立花	固 立花〔人名〕		0/ 復2
liánxì	联系	動 連絡する		18
liàn'ài	恋爱	名 恋愛		0
liángkuai	凉快	形 涼しい		4
liǎng	两	数 二		5
líng	零	数 零		0/5
Liú Lì	刘丽	固 劉麗〔人名〕		2
liú	留	動 残しておく		0
liúxuéshēng	留学生	名 留学生		1
liúyán	留言	名 書き置き、伝言		復4
liù	六	数 六		0/5
lóu	楼	量 ～階〔建物の階数を数える〕		6
lǚxíng	旅行	動 旅行する		0/9

M

māma	妈妈	名 母、お母さん		0/2
mápó dòufu	麻婆豆腐	名 麻婆豆腐		7
mápó qiézi	麻婆茄子	名 麻婆ナス		7
mǎshàng	马上	副 すぐに		11
ma	吗	助 ～か〔疑問を表す〕		1
mǎi	买	動 買う		0/8
mǎidān	买单	動 勘定を払う		7
máng	忙	形 忙しい		4
máo	毛	量 ～角〔貨幣単位、「角」の通称〕		8
màoyì	贸易	名 貿易		0
méi guānxi	没关系	かまいません		0

méi yǒu	没有	動	ない、持っていない	7
méi(you)	没(有)	副	①〜しなかった、〜していない	9
			②〜ほど…でない	16
měi	美	形	美しい	0
měitiān	每天	名	毎日	4
mèimei	妹妹	名	妹	2
miànbāo	面包	名	パン	0/7
míngzi	名字	名	名前	0/2
míngtiān	明天	名	明日	4
míngxìnpiàn	明信片	名	ハガキ	12

N

ná	拿	動	持つ、取る	0
nǎge (něige)	哪个	疑	どれ、どの	8
nǎli	哪里	疑	どこ	6
nǎli nǎli	哪里哪里		いえいえ、どういたしまして	18
nǎr	哪儿	疑	どこ	5
nà (nèi)	那	代	①あれ、それ、あの、その	6
			②それでは	11
nàge (nèige)	那个	代	あれ、それ、あの、その	8
nàli	那里	代	そこ、あそこ	6
nàr	那儿	代	そこ、あそこ	6
nǎinai	奶奶	名	（父方の）祖母	2
nán	难	形	難しい	15
ne	呢	助	①〜は？〔省略疑問文を作る〕	3
			②〜しているんですよ〔進行を表す〕	17
néng	能	助動	〜できる	14
nǐ	你	代	あなた	0/1
nǐmen	你们	代	あなたたち	1
nián	年	量	〜年	0/13
niàn	念	動	（声を出して）読む	12
nín	您	代	あなた〔敬称〕	0/1
niúnǎi	牛奶	名	牛乳	3
nuǎnhuo	暖和	形	暖かい	4

O

ó	哦	感	〔驚きを表す〕	0
ōu	欧	名	〔欧州の略称〕	0

P

pái	排	動	並ぶ	0
pàng	胖	形	太っている	15
pǎo	跑	動	走る	10

péngyou	朋友	名	友達	2
píxié	皮鞋	名	革靴	8
piányi	便宜	形	安い	8
piào	票	名	チケット、切符	8
piàoliang	漂亮	形	きれいだ、すてきだ	15
píng	瓶	量	〜本〔びん類を数える〕	11

Q

qī	七	数	七	0/5
qí	骑	動	（自転車などに）乗る	14
qǐchuáng	起床	動	起きる、起床する	5
qiān	千	数	千	0
qiántiān	前天	名	おととい	4
qīng	轻	形	軽い	0/15
qǐng	请	動	〜してください	7
qǐngkè	请客	動	ごちそうする、おごる	11
qióng	穷	形	貧しい	0
qù	去	動	行く	0/5
qùnián	去年	名	去年	10
quàn	劝	動	勧める	0

R

rè	热	形	暑い、熱い	4
rén	人	名	人	8
rènshi	认识	動	知り合う	1
Rìběn	日本	固	日本	9
Rìběncài	日本菜	名	日本料理	11
Rìběnrén	日本人	名	日本人	1
Rìcān	日餐	名	日本料理	復2
Rìyuán	日元	名	日本円	復2
ròu	肉	名	肉	0
ruǎn	软	形	やわらかい	0

S

sān	三	数	三	0/5
Sègǔ	涩谷	固	渋谷	5
Shānběn	山本	固	山本〔人名〕	復3
Shànghǎi	上海	固	上海	9
shàngkè	上课	動	授業に行く、授業を受ける	18
shàngwǔ	上午	名	午前	5
shàngyī	上衣	名	上着	8
shéi	谁	疑	だれ	2
shénme	什么	疑	何、何の	0/2
shénme shíhou	什么时候	疑	いつ	10
shēngrì	生日	名	誕生日	11
shī	诗	名	詩	17
shí	十	数	十	0/5

shíjiān	时间	名	時間	9
shítáng	食堂	名	食堂	5
shì	是	動	～である	1
shì ~ de	是~的		～なのだ、～したのだ	10
shì	试	動	試す	16
shǒu	首	量	～首〔詩などを数える〕	17
shǒubiǎo	手表	名	腕時計	6
shǒujī	手机	名	携帯電話	6
shòu	瘦	形	痩せている	15
shū	书	名	本	0/2
shūfu	舒服	形	心地よい、気持ちがいい	16
shǔjià	暑假	名	夏休み	9
shuāng	双	量	～膳、～足〔2つでペアになっているものを数える〕 8	
shuìjiào	睡觉	動	寝る	5
shuō	说	動	話す、言う	14
sì	四	数	四	0/5
sòng	送	動	（人を）見送る、送る	18
suǒ	锁	動	鍵をかける	0

T

T xùshān	T恤衫	名	Tシャツ	8
tā	他	代	彼	1
tāmen	他们	代	彼ら	1
tā	她	代	彼女	1
tāmen	她们	代	彼女たち	1
tài ~ le	太~了		～すぎる	8
tèbié	特别	副	特に、とりわけ	4
tèyì	特意	副	わざわざ	18
téng	疼	形	痛い	0
tiānqì	天气	名	天気	16
tiāo	挑	動	選ぶ	0
tiào	跳	動	踊る、飛ぶ	10
tīng	听	動	聞く、聴く	2
tóngwū	同屋	名	ルームメート	復4
tóngxué	同学	名	クラスメート	2
túshūguǎn	图书馆	名	図書館	5

W

wā	蛙	名	カエル	0
wāi	歪	形	ゆがんでいる	0
wàiguórén	外国人	名	外国人	1
wánr	玩儿	動	遊ぶ	17
wǎnfàn	晚饭	名	夕飯	復4
wǎnshang	晚上	名	夜	5
wàn	万	数	万	0/16
wǎngqiú	网球	名	テニス	9

wèi	喂	感	もしもし、おい〔呼びかけ〕 0	
wèn	问	動	尋ねる	復2
wèntí	问题	名	問題	14
wēng	翁	名	〔高齢の男性を指す〕	0
wǒ	我	代	私	0/1
wǒmen	我们	代	私たち	1
wūlóngchá	乌龙茶	名	ウーロン茶	3
wǔ	五	数	五	0/5

X

Xīcān	西餐	名	西洋料理	復2
xǐshǒujiān	洗手间	名	トイレ、化粧室	6
xǐwán	洗完	動	洗い終わる	17
xǐzǎo	洗澡	動	入浴する、シャワーを浴びる	5
xiàcì	下次	名	次回	9
xiàkè	下课	動	授業が終わる	5
xiàwǔ	下午	名	午後	5
xià xīngqīliù	下星期六	名	来週の土曜日	12
xián	咸	形	しょっぱい	0
xiànmù	羡慕	動	うらやむ、うらやましい	17
xiànzài	现在	名	今、現在	4
xiǎng	想	助動	～したい	0/11
xiǎo	小	形	小さい	11
xiǎoháir	小孩儿	名	子ども	0
xiǎoshí	小时	名	～時間	13
xié	鞋	名	靴	4
xiě	写	動	書く	0/12
xiěcuò	写错	動	書き間違える	17
xiěwán	写完	動	書き終わる	17
xièxie	谢谢		ありがとう	0/6
xīn	新	形	新しい	0/15
xīnkǔ	辛苦	形	辛い、大変である	4
xìn	信	名	手紙	12
xīngqī'èr	星期二	名	火曜日	0/4
xīngqī jǐ	星期几	名	何曜日	4
xīngqīliù	星期六	名	土曜日	4
xīngqīrì	星期日	名	日曜日	4
xīngqīsān	星期三	名	水曜日	4
xīngqīsì	星期四	名	木曜日	4
xīngqītiān	星期天	名	日曜日	4
xīngqīwǔ	星期五	名	金曜日	4
xīngqīyī	星期一	名	月曜日	4
xìng	姓	動	（姓を）～という	0
xióngmāo	熊猫	名	パンダ	0
xué	学	動	勉強する、学ぶ、習う	3
xuéhǎo	学好	動	マスターする	17

xuésheng	学生	名 学生	1
xuéxí	学习	動 勉強する、学ぶ、習う	3
xuéxiào	学校	名 学校	0/2

Y

yá	牙	名 歯	0
yào	要	① 動 要る、ほしい	0/7
		② 助動 ～しなければならない	18
yàoshi	钥匙	名 鍵	6
yéye	爷爷	名 (父方の) 祖父	0/2
yě	也	副 ～も	3
yè	叶	名 葉	0
yèli	夜里	名 夜中	5
yī	一	数 一	0/5
yìdiǎnr	一点儿	量 少し、ちょっと	0/8
yídìng	一定	副 きっと、必ず	18
yílù shùnfēng	一路顺风	道中ご無事で	18
yìqǐ	一起	副 一緒に	9
yíxià	一下	量 少し、ちょっと	7
yīmèir	伊妹儿	名 メール	12
yīyuàn	医院	名 病院	16
yíhàn	遗憾	形 残念である	9
yǐhòu	以后	名 ～のあと、以後	5
yǐqián	以前	名 以前	復3
Yìdàlìmiàn	意大利面	名 スパゲティ	3
yīnwèi	因为	接 ～なので、なぜなら	復3
yīnyuè	音乐	名 音楽	0/2
yínháng	银行	名 銀行	11
yǐnliào	饮料	名 飲みもの、飲料	7
Yīngyǔ	英语	名 英語	3
yòng	用	動 使う、用いる	12
yóu	游	動 泳ぐ	10
yóuxì	游戏	名 ゲーム	17
yóuyǒng	游泳	動 泳ぐ	0/2
yóujiàn	邮件	名 郵便物、メール	12
yóujú	邮局	名 郵便局	0/6
yǒu	有	動 ある、いる	0/7
yǒudiǎnr	有点儿	副 少し、ちょっと	16
yǒu yìsi	有意思	形 おもしろい	15
yú	鱼	名 魚	0
yúkuài	愉快	形 楽しい、愉快だ	10
yǔsǎn	雨伞	名 傘	0
yuán	元	量 ～元〔貨幣単位〕	8
yuǎn	远	形 遠い	16

yuè	月	名 月〔暦〕	0/16

Z

zài	在	① 動 ～にある、～にいる	6
		② 前 ～で	11
		③ 副 ～している	17
zài	再	副 さらに、もっと	8
zàijiàn	再见	さようなら	0
zánmen	咱们	代 (話し手・聞き手を含む) 私たち	14
zǎocān	早餐	名 朝食	6
zǎofàn	早饭	名 朝ごはん、朝食	5
zǎojiù	早就	副 とっくに、ずっと前に	17
zǎoshang	早上	名 朝	5
zěnme	怎么	疑 どのように、どうやって	12
zěnmeyàng	怎么样	疑 どう	8
zhāpí	扎啤	名 生ビール	7
zhǎnlǎn	展览	名 展覧会	9
zhāng	张	量 ～枚	8
zhàopiàn	照片	名 写真	8
zhè (zhèi)	这	代 これ、この	6
zhège (zhèige)	这个	代 これ、この	8
zhèli	这里	代 ここ	6
zhèr	这儿	代 ここ	6
zhēn	真	副 本当に	4
zhēn de	真的	副 本当に	11
Zhōngcān	中餐	名 中華料理	復2
Zhōngguó	中国	固 中国	7
Zhōngguócài	中国菜	名 中華料理	3
Zhōngguórén	中国人	名 中国人	1
zhōngwǔ	中午	名 午後	5
zhòng	重	形 重い	15
zhōu	粥	名 おかゆ	0
zhōumò	周末	名 週末	4
zhù	住	動 住む	13
zhù	祝	動 祝う	11
zhǔnbèi	准备	動 準備する	17
zì	字	名 字	15
zìxíngchē	自行车	動 自転車	14
zǒu	走	動 歩く、行く	12
zū	租	動 (お金を払って) 借りる	16
zuótiān	昨天	名 昨日	4
zuò	坐	動 (乗り物に) 乗る、座る	0/12
zuò	做	動 する、やる	9
zuòyè	作业	名 宿題	4

著者略歴
岩井伸子（いわい のぶこ）
　中国人民大学卒業。日中学院、上智大学、明治大学講師。
胡興智（こ きょうち）
　東京学芸大学大学院修了。元日中学院専任講師、上智大学、フェリス女学院大学非常勤講師。

《新版》できる・つたわるコミュニケーション中国語

2023 年 2 月 10 日　第 1 刷発行
2023 年 12 月 10 日　第 3 刷発行

著　者 ©　　岩　井　伸　子
　　　　　　胡　　　興　智
発行者　　岩　堀　雅　己
印刷所　　倉敷印刷株式会社
発行所　101-0052 東京都千代田区神田小川町 3 の 24
　　　　電話 03-3291-7811（営業部）, 7821（編集部）　株式会社　白水社
　　　　www.hakusuisha.co.jp
　　　　乱丁・落丁本は、送料小社負担にてお取り替えいたします。

振替 00190-5-33228　　　　　　　　　　　　　　　誠製本株式会社

ISBN978-4-560-06943-1

Printed in Japan

中 国 語 音 節 表

母音＼子音	a	o	e	-i	-i	er	ai	ei	ao	ou	an	en	ang	eng	ong	i	ia	ie	iao	iou	ian	in	iang	ing	iong	u	ua	uo	uai	uei	uan	uen	uang	ueng	ü	üe	üan	ün
母音の表記のみ	a	o	e			er	ai	ei	ao	ou	an	en	ang	eng		yi	ya	ye	yao	you	yan	yin	yang	ying	yong	wu	wa	wo	wai	wei	wan	wen	wang	weng	yu	yue	yuan	yun
b	ba	bo					bai	bei	bao		ban	ben	bang	beng		bi		bie	biao		bian	bin		bing		bu												
p	pa	po					pai	pei	pao	pou	pan	pen	pang	peng		pi		pie	piao		pian	pin		ping		pu												
m	ma	mo	me				mai	mei	mao	mou	man	men	mang	meng		mi		mie	miao	miu	mian	min		ming		mu												
f	fa	fo						fei		fou	fan	fen	fang	feng												fu												
d	da		de				dai	dei	dao	dou	dan	den	dang	deng	dong	di	dia	die	diao	diu	dian			ding		du		duo		dui	duan	dun						
t	ta		te				tai		tao	tou	tan		tang	teng	tong	ti		tie	tiao		tian			ting		tu		tuo		tui	tuan	tun						
n	na		ne				nai	nei	nao	nou	nan	nen	nang	neng	nong	ni		nie	niao	niu	nian	nin	niang	ning		nu		nuo			nuan				nü	nüe		
l	la	lo	le				lai	lei	lao	lou	lan		lang	leng	long	li	lia	lie	liao	liu	lian	lin	liang	ling		lu		luo			luan	lun			lü	lüe		
g	ga		ge				gai	gei	gao	gou	gan	gen	gang	geng	gong											gu	gua	guo	guai	gui	guan	gun	guang					
k	ka		ke				kai	kei	kao	kou	kan	ken	kang	keng	kong											ku	kua	kuo	kuai	kui	kuan	kun	kuang					
h	ha		he				hai	hei	hao	hou	han	hen	hang	heng	hong											hu	hua	huo	huai	hui	huan	hun	huang					
j																ji	jia	jie	jiao	jiu	jian	jin	jiang	jing	jiong										ju	jue	juan	jun
q																qi	qia	qie	qiao	qiu	qian	qin	qiang	qing	qiong										qu	que	quan	qun
x																xi	xia	xie	xiao	xiu	xian	xin	xiang	xing	xiong										xu	xue	xuan	xun
zh	zha		zhe	zhi			zhai	zhei	zhao	zhou	zhan	zhen	zhang	zheng	zhong											zhu	zhua	zhuo	zhuai	zhui	zhuan	zhun	zhuang					
ch	cha		che	chi			chai		chao	chou	chan	chen	chang	cheng	chong											chu	chua	chuo	chuai	chui	chuan	chun	chuang					
sh	sha		she	shi			shai	shei	shao	shou	shan	shen	shang	sheng												shu	shua	shuo	shuai	shui	shuan	shun	shuang					
r			re	ri					rao	rou	ran	ren	rang	reng	rong											ru	rua	ruo		rui	ruan	run						
z	za		ze		zi		zai	zei	zao	zou	zan	zen	zang	zeng	zong											zu		zuo		zui	zuan	zun						
c	ca		ce		ci		cai		cao	cou	can	cen	cang	ceng	cong											cu		cuo		cui	cuan	cun						
s	sa		se		si		sai		sao	sou	san	sen	sang	seng	song											su		suo		sui	suan	sun						

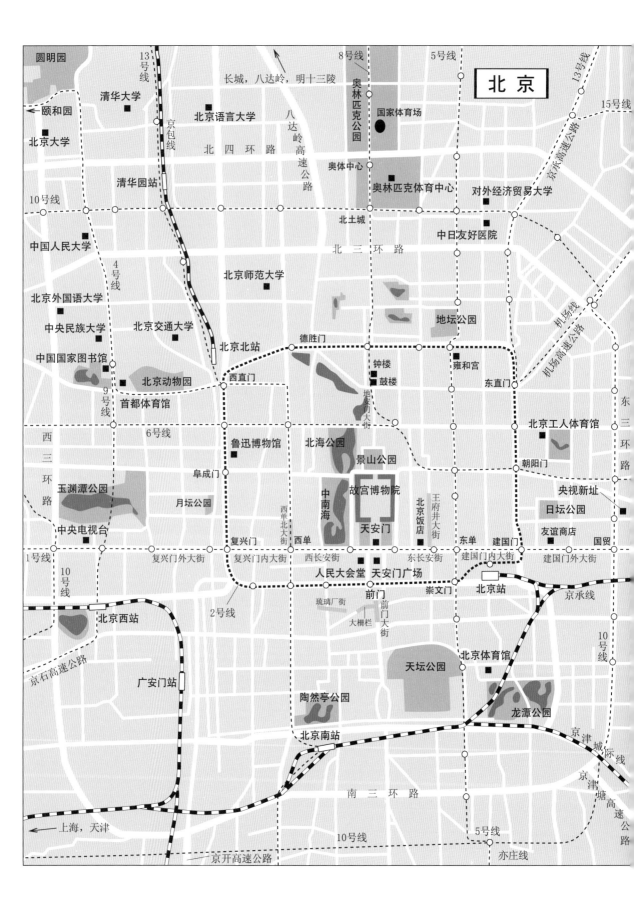

圆明园

13号线

8号线 5号线

长城，八达岭，明十三陵

15号线

13号线

北 京

清华大学

← 颐和园

北京语言大学

八
达
岭
高
速
公
路

奥林匹克公园

国家体育场

京承高速公路

北京大学

北 四 环 路

奥体中心

对外经济贸易大学

清华园站

奥林匹克体育中心

10号线

北土城

中日友好医院

中国人民大学

北 三 环 路

4号线

北京师范大学

地坛公园

机场线

北京外国语大学

钟楼

雍和宫

机
场
高
速
公
路

中央民族大学

北京交通大学

鼓楼

东直门

东三环路

中国国家图书馆

北京北站

德胜门

9号线

北京动物园

西直门

地
安
门
大
街

北京工人体育馆

首都体育馆

6号线

鲁迅博物馆

北海公园

朝阳门

西
三
环
路

玉渊潭公园

阜成门

景山公园

央视新址

月坛公园

故宫博物院

日坛公园

西
单
北
大
街

中南海

北
京
饭
店

王
府
井
大
街

中央电视台

复兴门

西单

天安门

东单

建国门

国贸

1号线

复兴门外大街

复兴门内大街

西长安街

东长安街

建国门内大街

建国门外大街

10号线

2号线

人民大会堂 天安门广场

崇文门

北京站

京承线

北京西站

琉璃厂街

前
门
大
街

前门

大栅栏

广安门站

天坛公园

北京体育馆

10号线

陶然亭公园

龙潭公园

京
津
城
际
线

北京南站

京
津
塘
高
速
公
路

南 三 环 路

京石高速公路

← 上海，天津

10号线

京开高速公路

5号线

亦庄线

1	北海道	Běihǎidào	**26**	京都	Jīngdū
2	青森	Qīngsēn	**27**	大阪	Dàbǎn
3	岩手	Yánshǒu	**28**	兵库	Bīngkù
4	宫城	Gōngchéng	**29**	奈良	Nàiliáng
5	秋田	Qiūtián	**30**	和歌山	Hégēshān
6	山形	Shānxíng	**31**	鸟取	Niǎoqǔ
7	福岛	Fúdǎo	**32**	岛根	Dǎogēn
8	茨城	Cíchéng	**33**	冈山	Gāngshān
9	栃木	Lìmù	**34**	广岛	Guǎngdǎo
10	群马	Qúnmǎ	**35**	山口	Shānkǒu
11	埼玉	Qíyù	**36**	德岛	Dédǎo
12	千叶	Qiānyè	**37**	香川	Xiāngchuān
13	东京	Dōngjīng	**38**	爱媛	Àiyuán
14	神奈川	Shénnàichuān	**39**	高知	Gāozhī
15	新潟	Xīnxì	**40**	福冈	Fúgāng
16	富山	Fùshān	**41**	佐贺	Zuǒhè
17	石川	Shíchuān	**42**	长崎	Chángqí
18	福井	Fújǐng	**43**	熊本	Xióngběn
19	山梨	Shānlí	**44**	大分	Dàfēn
20	长野	Chángyě	**45**	宫崎	Gōngqí
21	岐阜	Qífù	**46**	鹿儿岛	Lù'érdǎo
22	静冈	Jìnggāng	**47**	冲绳	Chōngshéng
23	爱知	Àizhī			
24	三重	Sānchóng			
25	滋贺	Zīhè			

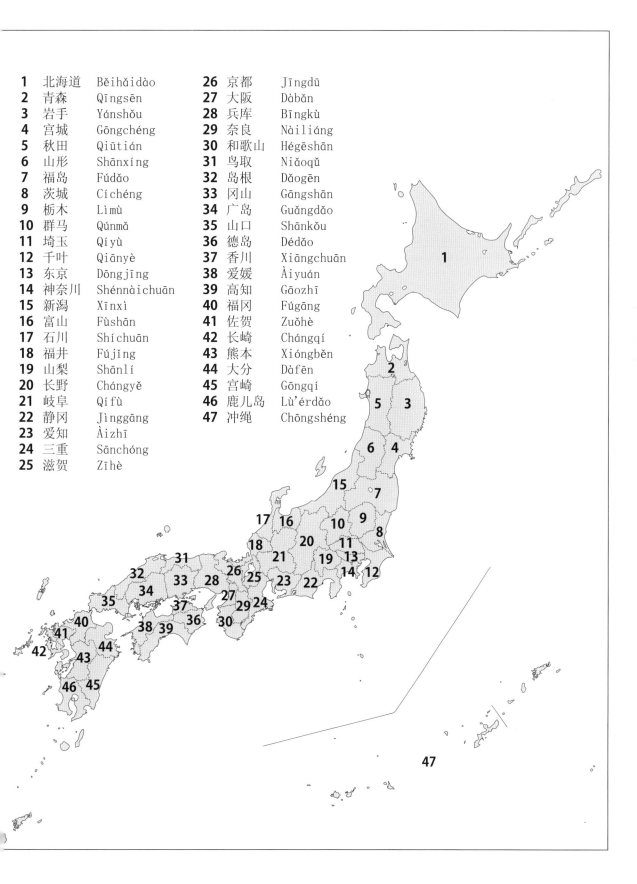